大名格差

——江戸三百藩のリアル——

安藤優一郎 著

彩図社

はじめに――格付けされた三百諸侯

江戸時代の日本は徳川将軍家が率いる幕府と、三百諸侯と称された大名家が率いる実数約260もの藩が共同統治する時代であった。この支配システムを幕藩体制（幕藩制）と呼ぶ。大名は幕府から1万石以上の所領を認められることで、その身分が保障された。将軍と大名は主従関係にあった。

大名と言っても100万石から1万石まで格差は大きかったが、石高《こくだか》以外にも様々な基準で格付けされた。そうした区分が組み合わされることで家格は決まったが、その基本は将軍との関係である。将軍に近いほど優遇され、遠いほど冷遇された。

本書は、大名がどのように格付け（コントロール）されたかを五つの視点から明らかにすることで、未曾有《みぞう》の泰平の世を可能にした幕府の巧妙な仕掛けに迫るものである。

第一章「石高でみる格差」では、大名の指標であったはずの石高が必ずしも格差には直結しないからくりに注目する。一国一城の主と言っても城を持たない大名は多かった。

第二章「将軍との関係でみる格差」では、将軍との関係で大名が親藩《しんぱん》・譜代《ふだい》・外様《とざま》の

3種類に類別された実態を明らかにする。同じ親藩大名や譜代大名でも様々な格差が設けられていた。

第三章「江戸城でみる格差」では、大名の格差が視覚化された江戸城内の御殿《ごてん》に焦点をあてる。全国の大名が集まるため、御殿はその競争心をあおる空間にもなっていた。

第四章「江戸藩邸でみる格差」では、同じく大名の格差が視覚化された江戸藩邸に焦点をあてる。江戸藩邸は大名の格差を白日のもとに晒す建物であった。

第五章「参勤交代でみる格差」では、参勤交代の行列が「歩く大名格差」の役割を果たしていた様子を明らかにする。大名行列どうしがかち合った時、その格差は示されたのである。

この五つの切り口を通して、大名からみた江戸の格差社会を解き明かす。

本書執筆にあたっては彩図社編集部の名畑諒平氏の御世話になりました。深く感謝いたします。

二〇二三年二月

安藤優一郎

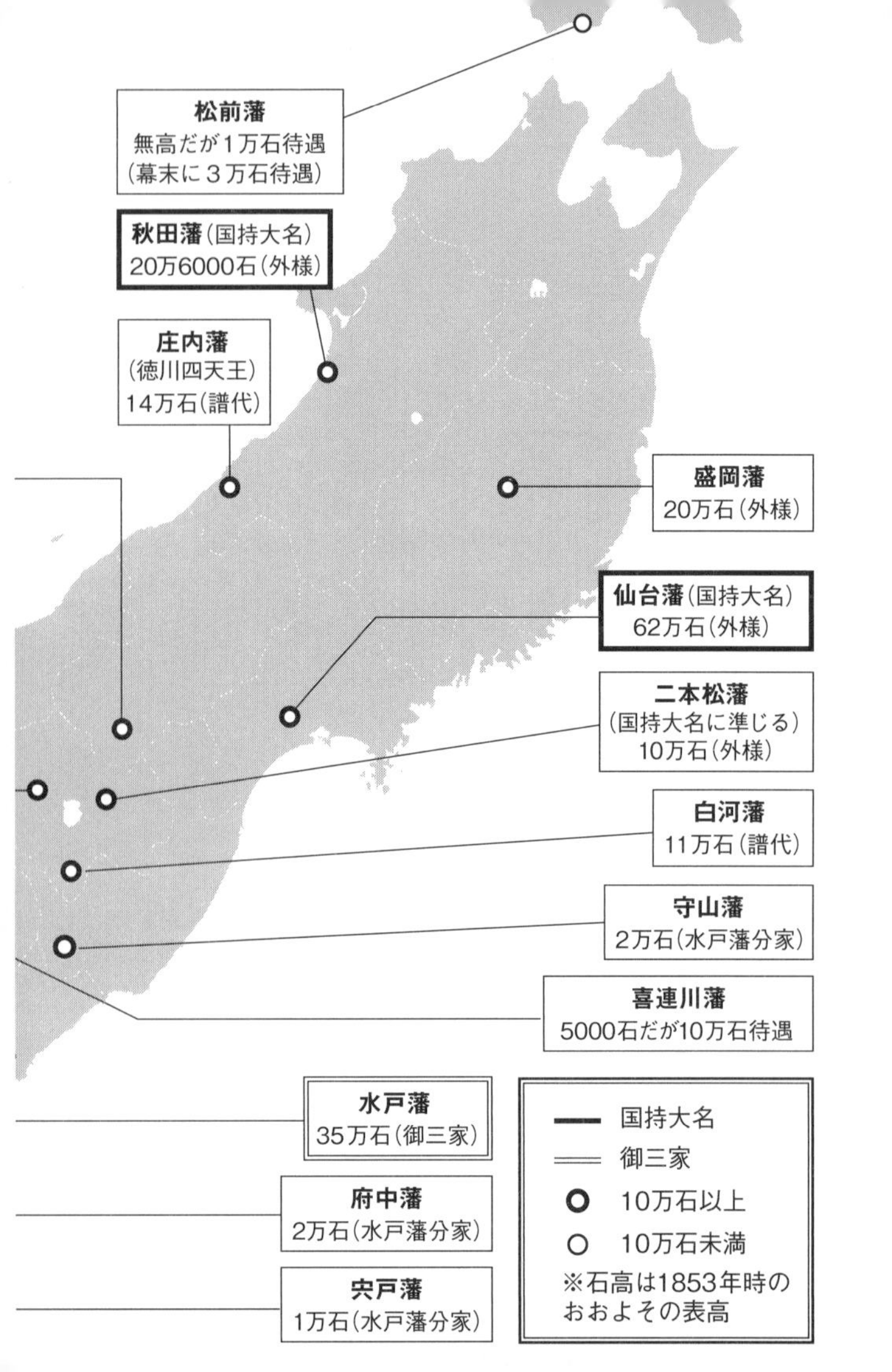
松前藩
無高だが1万石待遇
(幕末に3万石待遇)
秋田藩(国持大名)
20万6000石(外様)
庄内藩
(徳川四天王)
14万石(譜代)
盛岡藩
20万石(外様)
仙台藩(国持大名)
62万石(外様)
二本松藩
(国持大名に準じる)
10万石(外様)
白河藩
11万石(譜代)
守山藩
2万石(水戸藩分家)
喜連川藩
5000石だが10万石待遇
水戸藩
35万石(御三家)
府中藩
2万石(水戸藩分家)
宍戸藩
1万石(水戸藩分家)
国持大名
御三家
10万石以上
10万石未満
※石高は1853年時の
おおよその表高

本書で紹介する主な藩《東国》

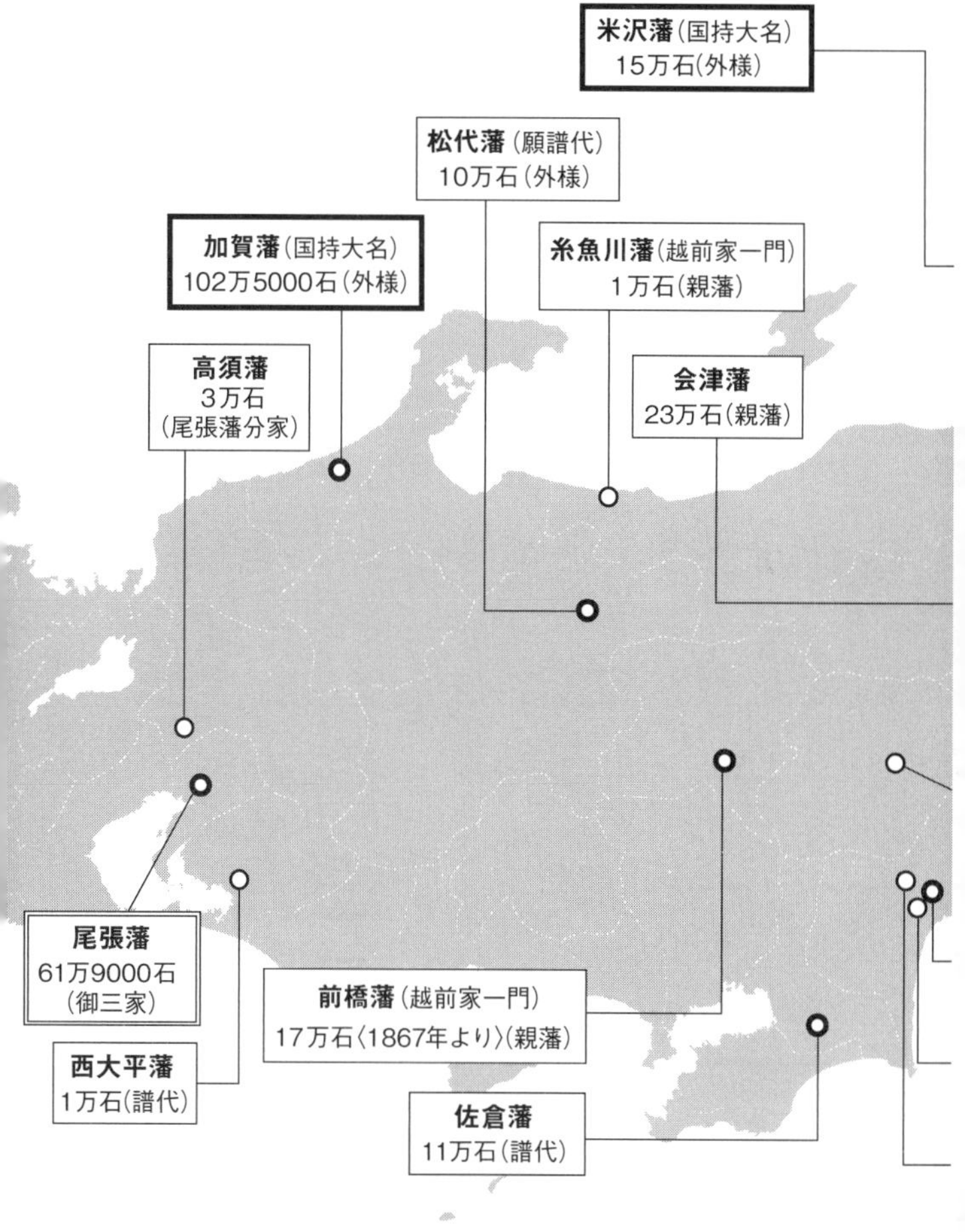
米沢藩(国持大名)
15万石(外様)
松代藩(願譜代)
10万石(外様)
加賀藩(国持大名)
102万5000石(外様)
糸魚川藩(越前家一門)
1万石(親藩)
高須藩
3万石
(尾張藩分家)
会津藩
23万石(親藩)
尾張藩
61万9000石
(御三家)
前橋藩(越前家一門)
17万石〈1867年より〉(親藩)
西大平藩
1万石(譜代)
佐倉藩
11万石(譜代)

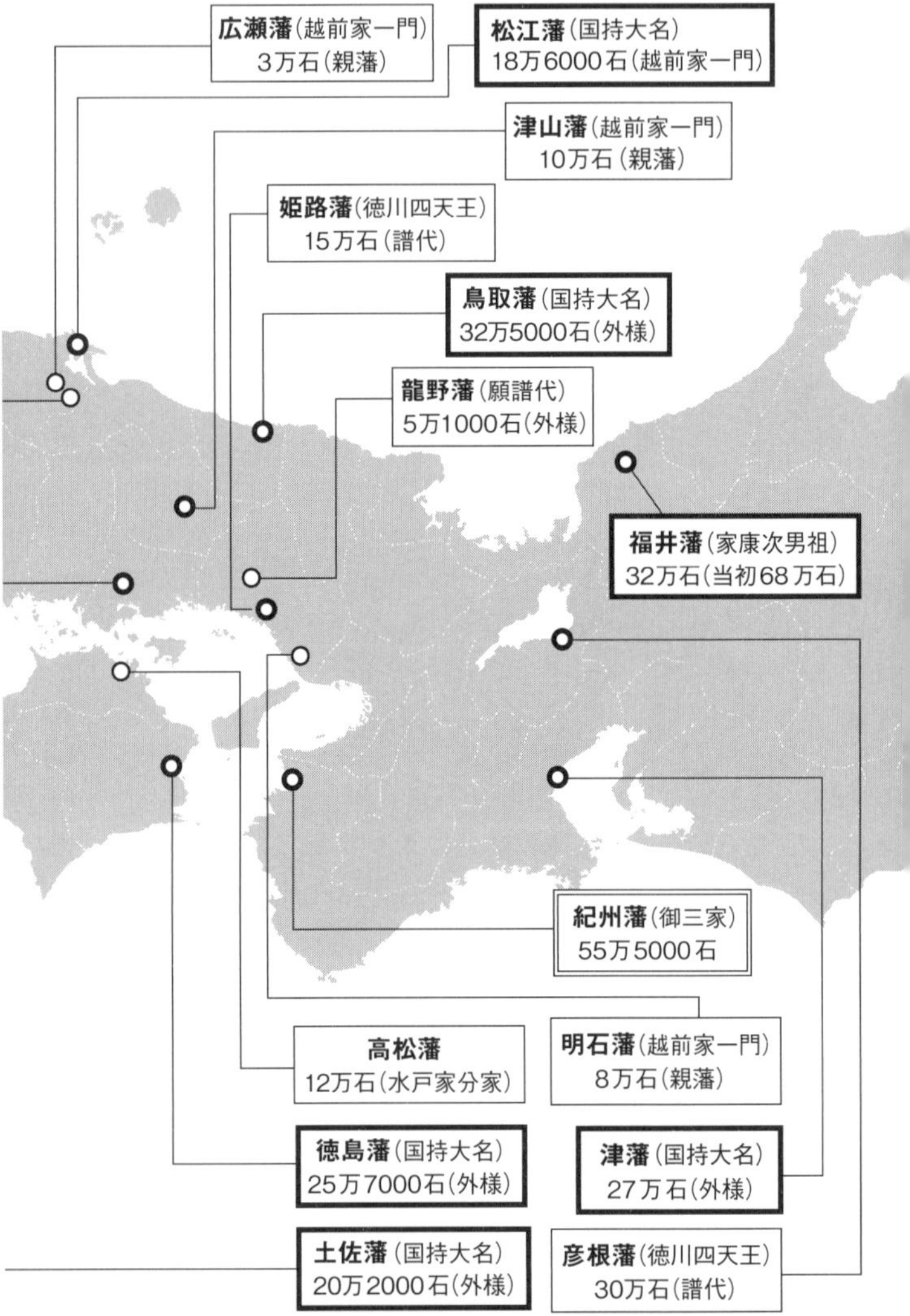

広瀬藩(越前家一門)
3万石(親藩)
松江藩(国持大名)
18万6000石(越前家一門)
津山藩(越前家一門)
10万石(親藩)
姫路藩(徳川四天王)
15万石(譜代)
鳥取藩(国持大名)
32万5000石(外様)
龍野藩(願譜代)
5万1000石(外様)
福井藩(家康次男祖)
32万石(当初68万石)
紀州藩(御三家)
55万5000石
高松藩
12万石(水戸家分家)
明石藩(越前家一門)
8万石(親藩)
徳島藩(国持大名)
25万7000石(外様)
津藩(国持大名)
27万石(外様)
土佐藩(国持大名)
20万2000石(外様)
彦根藩(徳川四天王)
30万石(譜代)

本書で紹介する主な藩《西国》

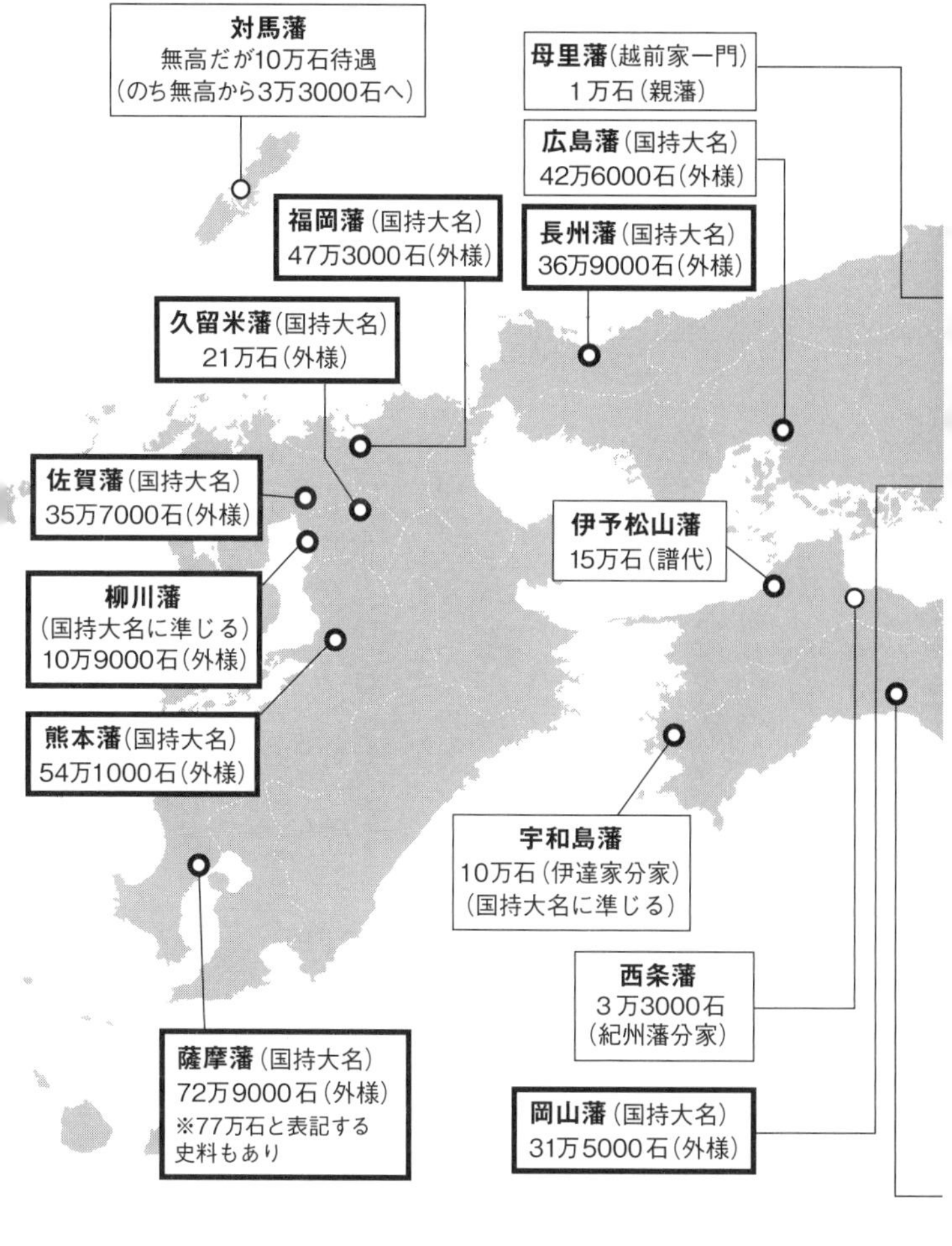

対馬藩
無高だが10万石待遇
（のち無高から3万3000石へ）
母里藩（越前家一門）
1万石（親藩）
広島藩（国持大名）
42万6000石（外様）
福岡藩（国持大名）
47万3000石（外様）
長州藩（国持大名）
36万9000石（外様）
久留米藩（国持大名）
21万石（外様）
佐賀藩（国持大名）
35万7000石（外様）
伊予松山藩
15万石（譜代）
柳川藩
（国持大名に準じる）
10万9000石（外様）
熊本藩（国持大名）
54万1000石（外様）
宇和島藩
10万石（伊達家分家）
（国持大名に準じる）
西条藩
3万3000石
（紀州藩分家）
薩摩藩（国持大名）
72万9000石（外様）
※77万石と表記する
史料もあり
岡山藩（国持大名）
31万5000石（外様）

大名格差　江戸三百藩のリアル

目次

第二章 将軍との関係でみる格差

第三章 江戸城でみる格差

第五章　参勤交代でみる格差

第一章　石高でみる格差

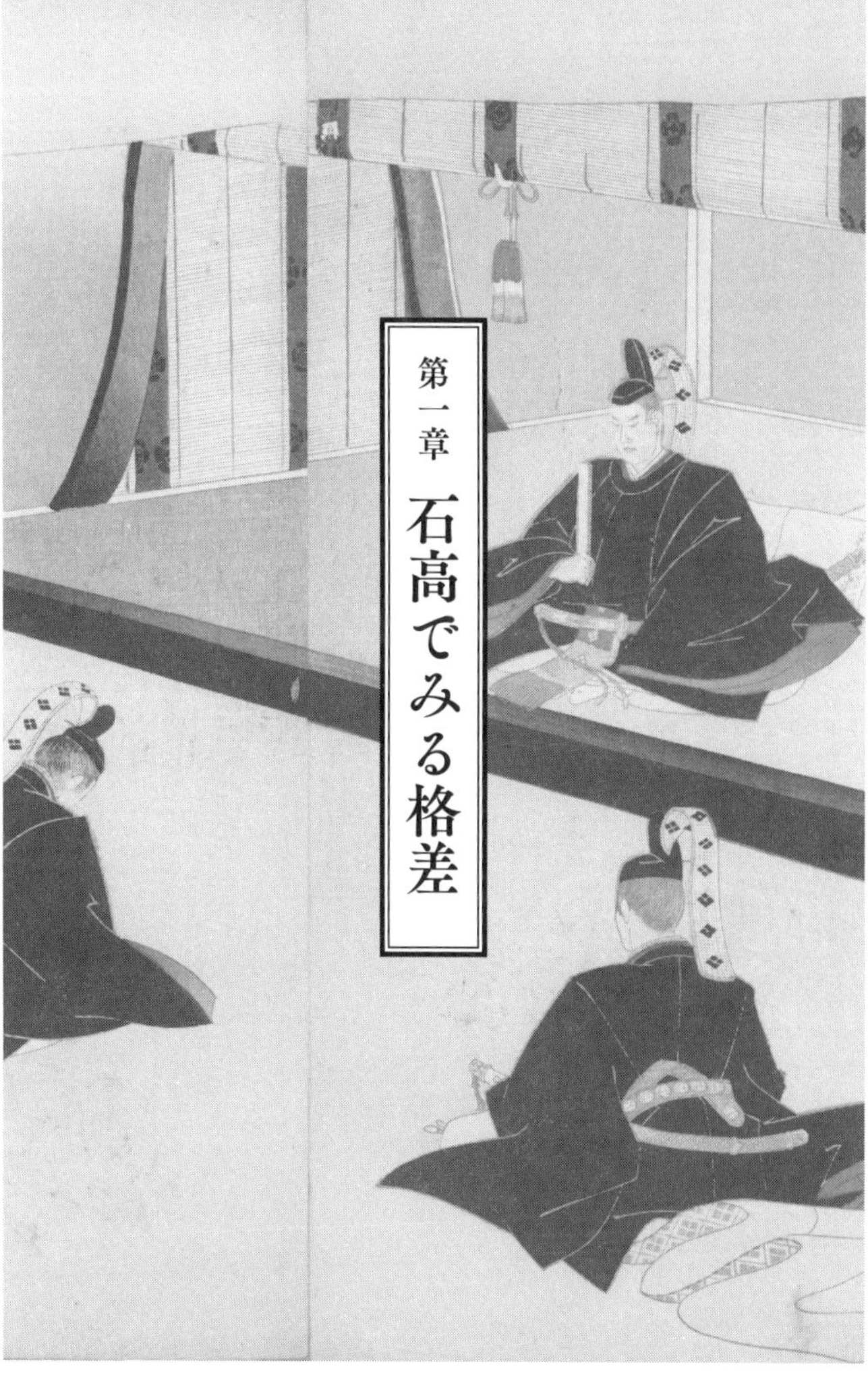

「石高でみる格差」の基本——表高《おもてだか》と実高《じつだか》

　幕府が大名の所領を認定する際は、武蔵国入間郡《むさしのくにいるまぐん》3万5000石……というように石高《こくだか》で表示するのが習いであった。石高は大名の身上を数字化したものとして広く用いられた指標だが、その土地の生産力を米の量に換算したものであり、イコール実際の米の生産高ではなかった。

　畑、あるいは宅地として使われた屋敷地もすべて田地とみなした上で、算出された数字だった。米が収獲できない土地でも、米が収獲できると仮定して算定した数字を集計したものなのである。生産力の実態を正確に反映したものではなかった。

　石高は幕府による検地という土地調査を経て確定した。これを表高《おもてだか》と称したが、幕府は表高を基準に軍役《ぐんやく》を大名に賦課《ふか》している。

　軍役とは島原の乱の時のような有事の際、諸大名に動員や調達を義務付けた家臣や武器の数のことである。参勤交代の時に召し連れる侍や足軽、人足《にんそく》の数も同じく石高に基づき定められた。石高が多ければ多いほど、動員すべき家臣や調達すべき武器の数が増えるのは言うまでもない。

幕府としては、大名の身上に応じて軍役を賦課するには何らかの基準が必要であった。その基準こそ石高だった。

石高（表高）に基づき幕府から軍役を賦課されたのは、大名だけではない。幕臣にしても事情は同じである。大名が藩士に軍役を賦課する場合も、その石高が基準となっていた。

しかし、検地後の新田開発で米の生産量がアップしても表高には含まれないことが多かった。幕府から賦課される軍役の負担が増えるのを大名側が忌避したからである。そのため、表高は実際の生産力を反映するとは言い切れなかった。

実際の生産力は実高《じつだか》、あるいは内高《うちだか》と呼ばれた。長州藩毛利家の表高は36万石ほどだが、実高は百万石を超えていたといわれるのはその一例である。大名の身上の指標とみなされる石高は時代が下るにつれ、その実態を示すものではなくなっていく。

1万石が幕府から大名と認められる最低ラインだったわけだが、そうとは言い切れない面もあった。所領が1万石未満でありながら、幕府からは大名としての処遇を受けて参勤交代までしていた事例がみられたのである。４５００石の喜連川《きつれがわ》家が幕府から10万石の大名と格付けされた極端な事例もあった。

本章では、石高からみた大名格差の実態を考える。

01
4500石なのに10万石待遇
喜連川家の格付けにみる幕府の思惑

大名格となった大岡越前守忠相

江戸時代について書かれた歴史書を読んでいくと、大名格という言葉に出会うことがある。期間限定で1万石に達したことで、幕府から大名として遇された旗本を指す呼称であった。

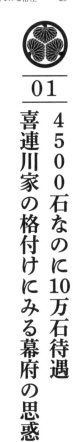

元文元年（1736）、江戸町奉行として名高い大岡忠相《おおおかただすけ》は同じ三奉行の寺社奉行に転じた。寺社奉行は本来大名が任命される役職であり、幕府としては旗本身分の忠相を大名にする必要があった。

当時は「足高《たしだか》」という人事制度が導入されており、寺社奉行在職中に限るという条件で1万石の大名に取り立てることは可能だった。足高とは、いわば役職手当のようなものである。

もともと忠相の禄高は1920石だったが、町奉行在職中の享保10年（1725）に2000石加増された。寺社奉行に任命される際、さらに2000石加増されたため計5920石の身上となるが、これでは依然として旗本のままであった。よって、足高として4080石が加えられて1万石に達することで、大名格に取り立てられた。

寺社奉行を退任すれば足高の4080石を取り上げられて1万石の大名格から5920石の旗本に戻ることになっていたが、それから12年後の寛延元年（1748）に4080石が加増され、禄高が1万石に達する。

役職に就くため一時的に大名待遇になった大岡忠相

これにより、名実ともに大名となった忠相は三河国で西大平《にしおおひら》藩を立藩し、初代藩主の座に就く。引き続き寺社奉行を務めるが、3年後の宝暦元年（1751）に世を去る。

大名格のほか、老中格という呼称もある。本来老中にはなれない大名が老中に任命された場合の格式である。幕府政治を掌《つかさど》る老中は通常

3万石以上の譜代大名から選任され、3万石未満の譜代大名は老中より一ランク下の若年寄どまりだった。

ところが、特例をもって老中格という待遇を与えることで老中の列に加える場合がみられた。それだけ能力が評価されたということでもあった。

陸奥国の泉藩主・本多忠籌《ただかず》は、寛政改革を主導した老中首座・松平定信の信任厚い人物だったが、石高は3万石に満たず、これでは老中として幕政に関与させることはできなかった。よって、定信は忠籌を老中格という格式に引き上げて老中の列に加え、その能力を存分に発揮させようとした。旗本が大名役である若年寄に就任する場合も、若年寄格という格式に引き上げられることで若年寄の例に加わることが可能だった。

足利将軍家の末裔・喜連川家

大岡忠相の事例でみたように、役職手当とも言うべき足高によって禄高が一時的に1万石に達しても、加増により1万石に達しないうちは大名格にとどまった。1万石に加増されることではじめて大名、つまりは藩主となれたが、禄高が1万石未満でも幕府が大名（藩主）として認めた事例が一つだけあった。

下野《しもつけ》国の喜連川《きつれがわ》（現栃木県さくら市）で4500石の所領を持っていた、喜連川家（藩）である。しかも、10万石格の大名という厚遇ぶりだった。ここまでの殊遇《しゅぐう》は他に例をみないが、その理由は何よりも喜連川家の歴史に求められる。同家の祖先を辿ると、室町幕府初代将軍・足利尊氏に行きつく。

征夷大将軍に任命されて京都の室町で幕府を開いた足利尊氏は、関東にミニ幕府とも言うべき鎌倉府を置いた。息子の基氏《もとうじ》を鎌倉（関東）公方《くぼう》として派遣し、関東の統治を任せた。公方とは将軍を意味する呼称である。

尊氏の嫡男義詮《よしあきら》とその子孫が将軍職を代々継承したのに対し、義詮の弟にあたる基氏とその子孫は鎌倉公方を継いだ。この鎌倉公方の末裔が、戦国時代が終わると喜連川家を名乗るようになる。

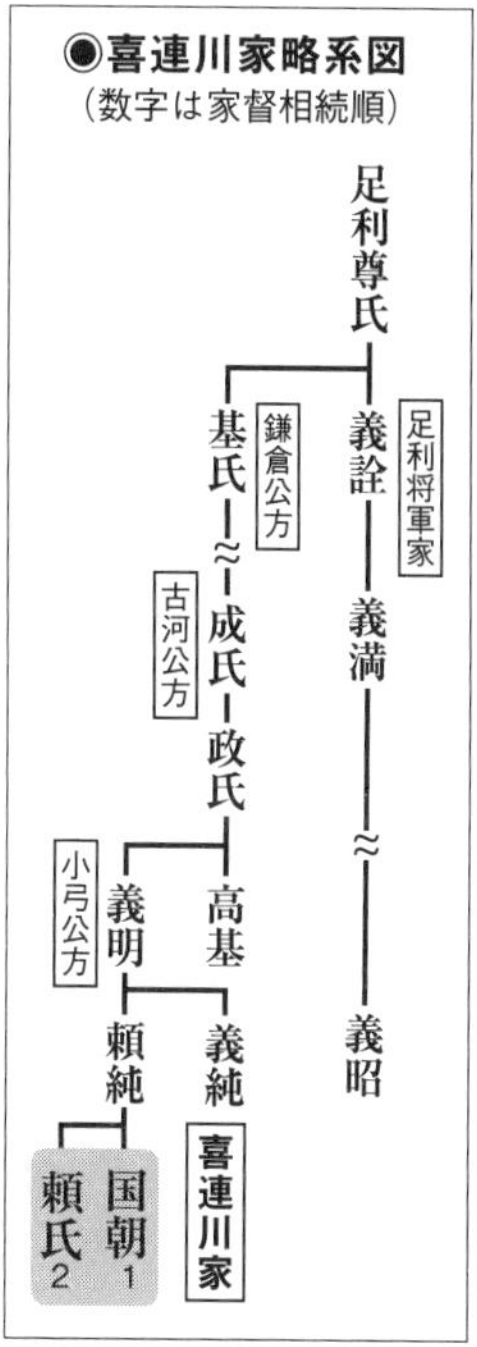

室町時代も後半に入ると、鎌倉公方の足利家は関東を統治する力を失う。鎌倉公方だっ

た足利成氏《しげうじ》は下総《しもうさ》国の古河《こが》に本拠を移して古河公方を称するが、その孫で古河公方となった高基《たかもと》と弟義明《よしあき》は激しく対立する。

義明は同じ下総国の小弓《おゆみ》に本拠を構え、小弓公方として独立したが、関東を制覇しつつあった小田原の北条家のため敗死する。天文7年（1538）のことである。以後、小弓公方の足利家は衰退していく。

しかし、天正18年（1590）に豊臣秀吉が北条家を滅ぼして天下統一を実現すると、義明の孫にあたる国朝《くにとも》は召し出され、下野国の喜連川で3500石の所領を与えられた。足利将軍家の流れを汲む名家が零落していたことを惜しんだのだが、これを機に国朝は足利姓から喜連川姓に改める。喜連川家の誕生であった。

小田原の北条家に代わって関東を支配することになった徳川家康も、かつては関東を支配していた鎌倉公方（足利家）の流れを汲む喜連川家への配慮を忘れなかった。慶長5年（1600）の関ヶ原の戦いにより、家康は豊臣家に代わって天下人の座に就くが、慶長7年（1602）には国朝の弟で喜連川家を継いでいた頼氏《よりうじ》に1000石を加増した。

喜連川家は都合4500石の身上となるが、室町幕府を受け継ぐ形で江戸幕府を開いた徳川家は、喜連川家をさらに厚遇する。禄高は1万石の半分にも達しなかったが、大名（喜連川藩主）として認めたのである（のち500石加増されて5000石に）。

それも10万石の大名として認めた。禄高からみれば、実際よりも20倍以上もの評価を受けたことになる。さらには、将軍を意味する御所《ごしょ》を名乗ることまで認めた。喜連川家がそんな破格の待遇を受けたのは、室町幕府初代将軍・足利尊氏、そして関東を統治した鎌倉公方・足利基氏の流れを汲む家だったからだ。

室町幕府を受け継いで関東で江戸幕府を開いた徳川家としては、関東を支配していた足利家の末裔を厚遇することで、その保護者たるスタンスをアピールしたい狙いがあった。その権威を利用して、本拠地である関東の支配、そして江戸幕府の基盤を固めたい意図が込められていたのである。

大名を超える官位を授けられた旗本身分の高家

足利家の末裔である喜連川家は例外として、旗本は大名格に取り立てられない限り大名と肩を並べることはできなかったが、はじめから一般の大名と同じ、あるいは遥かに高い官位を授けられていた旗本もいた。高家《こうけ》である。

高家と言うと、殿中松之廊下《でんちゅうまつのろうか》で勅使接待役の浅野内匠頭長矩《あさのたくみのかみながのり》に斬り付けられた、吉良上野介義央《きらこうずけのすけよしひさ》が有名だろう。殿中儀礼の指南に伴う両者のトラブルが刃傷《にんじょう》という形で噴出し、約1年9カ月後には赤穂浪士《あこう》の吉良邸討入りでクライマックスを迎える。忠臣蔵の名で広く知られる赤穂事件だ。

高家は幕府の儀典係《ぎてんがかり》として儀礼に精通していたが、殿中儀礼を指南するだけでなく、幕府から朝廷への使者も務めた。つまり京都の御所にもあがっている。そのほか、伊勢神宮や日光東照宮などへの代参役、勅使や院使《いんし》の接待にもあたった。

幕府から高家に取り立てられたのは、主に足利家一門など室町幕府以来の名家であった。守護大名家の末裔も高家に取り立てられている。いずれも室町幕府が衰えると零落してしまうが、江戸幕府を開いた徳川家はこうした名家を取り立てることに熱心であった。

喜連川家の場合と同じく、室町幕府以来の名家の末裔を厚遇して、その保護者たることをアピールしたい狙いが秘められていた。つまり、彼らの権威を利用しようと目論んだのである。

こうして、大沢・武田・畠山《はたけやま》・大友・今川・吉良《きら》家など二十数家の名家が高家として取り立てられる。禄高は5000石から300石までの差がみられた。

高家には、奥高家《おくこうけ》と表高家《おもてこうけ》の2種類があった。表高家は非役で、年始や五節句など江戸城で執り行われる行事の時に登城するだけだった。先に列挙した職務を務めたのは、奥高家の方である。

高家の中から、高家を統括する高家肝煎《きもいり》（定員3名）が任命された。通常、奥高家の官位は従五位下《じゅごいのげ》だが、高家肝煎となると従四位上《じゅしいのじょう》少将《しょうしょう》となる。正四位上《しょうしいのじょう》まで昇任する場合もみられた。

三高と称された高家肝煎は儀式の時には将軍の太刀や沓《くつ》を持ち、その後ろを付いていく役でもあった。これだけ取ってみても、その格の高さがよくわかる。赤穂事件当時、吉良上野介は高家肝煎を務めていた。

高家の禄高は中級旗本ぐらいのレベルだったが、禄高の割には官位が非常に高かった。奥高家の官位は一般の大名と同じ従五位下だが、肝煎に就任すると従四位あるいは正四位にのぼり、島津家や伊達家といった大々名と同レベルの官位を持つことになる。

旗本身分でありながら大々名に匹敵する殊遇を受けたのは名家であることはもちろん、朝廷への使者を務めたり、勅使などの接待役を務めたからだ。幕府の代表者として箔を付ける必要があったわけだが、儀礼を指南する立場からすれば、その指南を受ける一般の大名よりも高い官位を持っていた方が望ましいという事情もあった。

こうして、中級旗本レベルの禄高に過ぎなかった高家は身上を超える高い権威を保つことになるのである。

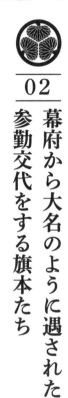

02 幕府から大名のように遇された参勤交代をする旗本たち

参勤交代を許された旗本

禄高が1万石未満でありながら、最初から大名と認められたのは喜連川家（藩）のみだが、あたかも大名として幕府から遇された旗本は少なくなかった。大名行列を組んで国元と江戸の間を往復する参勤交代は、大名としてのイメージを視覚化するものだが、あたかも大名であるかのように参勤交代をしていた旗本がいた。参勤交代を義務付けられた旗本は、交代寄合《こうたいよりあい》と呼ばれている。

将軍に拝謁できる資格を持つ旗本でも、幕府の役職に就ける者はそう多くなかった。そんな就職事情は、将軍に拝謁資格のない御家人にもあてはまるが、無役の旗本と御家人では決定的な違いが一つあった。

概して、旗本は御家人に比べれば禄高が多かったためか、無役の場合は禄高に応じて小普請金《こぶしんきん》という名の上納金の納付が義務付けられた。役職に就くと、幕府から与えられた俸禄《ほうろく》（家禄ともいう）をもって、その役職を果たすのに必要な経費を賄う建前であった。よって、無役ならば本来出費する分の経費を上納せよというわけだ。

小普請金を上納する無役の旗本は二つに分けられた。禄高が3000石以上ならば寄合、それ以下の禄高ならば小普請組に編入されたが、参勤交代が義務付けられた旗本の大半は禄高が3000石以上であったため、交代寄合と呼ばれた。

交代寄合の数は時期により異同があるが、30家ほどである。所領に置いた屋敷（陣屋《じんや》と呼ばれた）に居住し、家老や代官を通じてその支配にあたった。支配システムは大名と何ら変わりはなかった。

江戸には幕府から拝領した屋敷があり、一般の大名と同じく家老や留守居役《るすいやく》、あるいは江戸詰《えどづめ》の家臣たちが常駐した。国元にいる間は、江戸屋敷に置いた家老

交代寄合《こうたいよりあい》

＝

・参勤交代を許された旗本
・3000石以上で家数は約30
・所領に置いた陣屋に居住
・表御礼衆と四州（四衆）に分類
・幕府の役職に就くこともあった

◉交代寄合の家柄

名家の末裔	大名だった家	大名の分家
室町幕府で守護大名だった山名家など	1万石以下に改易された生駒家など	新発田藩溝口家から分かれた横田溝口家など

が留守居役たちを指揮して幕府などとの交渉にあたった。

交代寄合は、名家の末裔、かつて大名だった家、あるいは大名の分家で占められている。

名家の末裔で交代寄合に取り立てられた事例としては、但馬《たじま》国で6700石を与えられた山名《やまな》家の子孫が挙げられる。山名家とは室町幕府を支えた有力守護大名で、応仁の乱で西軍の大将となった山名宗全《そうぜん》を輩出した名門だが、戦国時代に入ると零落する。また、美濃国で5000石を与えられた竹中家は、黒田官兵衛とともに秀吉の軍師として知られた竹中半兵衛の子孫であった。

大名だった家とは、御家騒動などを理由にいったん改易処分を受けたものの、後に幕府に許されて数千石レベルの所領を与えられた家のことである。出羽国で8000石を与えられた生駒《いこま》家（元讃岐国高松藩主）はその一例だ。大名には復帰できなかったものの、交代寄合という名の旗本で復活した。

大名の分家とは、大名から同じく数千石レベルの所領を分けられて分家した者のことだった。陸奥国で5000石を与えられた溝口家などの事例がある。1万石には満たなかったため、身分としては旗本であった。

参勤交代には大名であることの証という側面もあったため、禄高では旗本に甘んじなければならなかった交代寄合にとり、江戸と国元の間を往復することは貴重な機会だった。かつては名家、もしくは大名としてのプライドが満たされたに違いない。

交代寄合は、江戸城に登城すると大名としての待遇を受けている。譜代大名の者が詰める「帝鑑之間《ていかんのま》」、そして従五位の官位を持つ外様大名が詰める「柳之間《やなぎのま》」に控えの間（殿席《でんせき》と称する）が与えられたのである。

バラエティーに富む交代寄合

室町幕府の有力者・山名宗全。山名家は戦国時代に零落したが、江戸幕府からは交代寄合に取り立てられた（『本朝百将伝』国会図書館所蔵）

交代寄合は、格式で「表御礼衆《おもておんれいしゅう》」と「四州《ししゅう》」に大別される。上席である「表御礼衆」からみていこう。

「表御礼衆」は菅沼家や松平家など20家ほどで、隔年で参勤することになっていた。要するに江戸と国元で1年ずつ生活したが、妻子は一般の大名と同じく江戸屋敷に置くことが義務付けられた。

◉格式に基づく交代寄合の分類

表御礼衆《おもておんれいしゅう》

・江戸と国元で１年ずつ生活
・妻子は江戸屋敷居住が義務
・幕府の役職に就くことも

四州《ししゅう》(四衆)

・毎年参勤して約半年在府 or
２～３年ごとに参勤して1カ月在府
・妻子は国元に置くことが可能
・幕府の役職に就くケースは稀

幕府の役職に就くことも稀ではない。その場合、将軍の側近衆である側衆《そばしゅう》や、将軍警護のトップである大番《おおばん》頭《がしら》などを務めることが多かった。旗本が任命される役職では重職と言えるだろう。

一方、「四州」と格付けされた交代寄合は、那須衆四家（那須家など）・美濃衆三家（高木三家）・信濃衆三家（知久《ちく》家など）・三河衆二家（松平家など）であった。毎年参勤して、半年ほど江戸に在府した後に帰国する者。または、2年か3年ごとに参勤して、1カ月在府した後に帰国する者の2種類がみられた。

江戸在府の期間は短かったが、これには理由があった。幕府の役職に就くこともみられた「表御礼衆」とは異なり、それぞれの国元に長く滞在して同所の警備にあたることが役目とされたからである。

事実上、土着していたため、国元に妻子を置くことが許された。よって、「表御礼衆」とは異なり、江戸で幕府の役職に就く者はほとんどみられなかった。

「四州」に準じる交代寄合としては、岩松家と米良《めら》家が挙げられる。

岩松家は徳川家の祖とも言うべき新田家の後裔という家柄である。新田家は源氏の名門で、鎌倉幕府を滅ぼした後も後醍醐天皇に忠誠を尽くした新田義貞が出た名家だ。新田家発祥の上野《こうずけ》国で120石の所領を与えられた岩松家は、毎年正月に江戸に参勤して将軍に拝謁するのが習いであった。江戸在府期間は1カ月のみで、普段は国元で妻子とともに生活していた。

米良家は肥後の名門菊池家の後裔である。菊池家も新田家と同じく、後醍醐天皇に忠節を尽くした菊池武光《たけみつ》を出した名家だ。米良家は肥後国米良山に所領を与えられたが、そこでは米が収獲できなかった。そのため、幕府からは5000石の米がとれる所領を持つ旗本と認定されていた。4～5年ごとに参勤したが、江戸在府期間は岩松家と同じく1カ月のみであった。

03 日本代表の箔を付けるため 石高ゼロでも10万石待遇を得た対馬藩

朝鮮外交を担うことで10万石の格式を得た対馬藩

大名の身上は石高として数字化されたが、イコール実際の米の生産高ではなかったことは本章冒頭で述べたとおりである。米が収獲できなかった土地でも米が収獲できると仮定して算定した数字が含まれていたからだが、所領に田地がなく、米がまったく収獲できなかったため「無高《むたか》」と格付けされた大名もいた。

無高大名の事例としては、対馬藩宗《そう》家や松前《まつまえ》藩松前家が挙げられるのが定番だが、江戸時代を通じて無高だったわけではない。まずは対馬藩からみていこう。

鎌倉時代より対馬国を支配していた宗家は、日本と朝鮮の間に位置する地理環境を

来日した朝鮮の使節団（「朝鮮人来朝行列図（部分）」都立図書館所蔵）

活かして、日朝両国の仲介役の立場を保持するとともに、朝鮮との貿易を独占した。しかし、そうした地理環境が仇となり、豊臣秀吉の朝鮮出兵の際には先鋒《せんぽう》を命じられてしまう。

当然ながら、朝鮮とは国交断絶となる。朝鮮貿易の中止に追い込まれた宗家は経済的に大打撃を受けるが、豊臣家に代わって天下人となった家康が朝鮮との国交回復の意向を示したことで、窮地を脱するチャンスを得る。今までの歴史的な経緯を背景に、家康つまり幕府と朝鮮の間を取り持ったのだ。

宗家が国交回復の交渉に尽力した結果、朝鮮は日本への使節派遣を決める。慶長12年（1607）のことである。これが、江戸時代を通じて12回派遣された朝鮮通信使の最初だった。やがて、将軍の代替わりごとに派遣されるのが慣例となる。

この第1回朝鮮通信使の来日をもって、朝鮮との国交は回復された。宗家はこの功績により幕府から10万石の格式を持つ大名と認定され、ここに対馬藩が誕生する。

対馬では米があまり収獲できなかったため、藩主の宗家は無高の大名とされたが、その後、肥前《ひぜん》国や下野《しもつけ》国で合わせて3万石を与えられる。無高の大名ではなくなるが、幕府からは引き続き無高で10万石の格式を持つ大名と格付けされた。

幕府が宗家に10万石の格式を持たせたのは、朝鮮との外交事務を委託したからである。日本を代表する立場として箔を付ける必要があった。

第1回朝鮮通信使の来日から2年後にあたる同14年（1609）、対馬藩と朝鮮の間で己酉約条《きゆうやくじょう》が締結され、貿易も再開となる。国交回復後も、対馬藩は朝鮮との外交実務を担うよう幕府から命じられたが、見返りとして朝鮮との貿易再開を認められる。こうして、その利益を独占することに成功する。

幕府は対馬藩に朝鮮との外交実務を任せることで、それに伴う事務処理の繁雑さから逃れられるメリットがあった。対馬藩からすると、貿易の利益を独占することで事務処理により生じる出費を充分に補填できた。ウィンウィンだった。

対馬藩は釜山《プサン》に倭館《わかん》（日本人居留地）を置き、朝鮮との貿易を手広く行った。日本の通用銀貨である丁銀《ちょうぎん》を輸出する一方、中国産の生糸や絹織物、そして日本国内で需要が

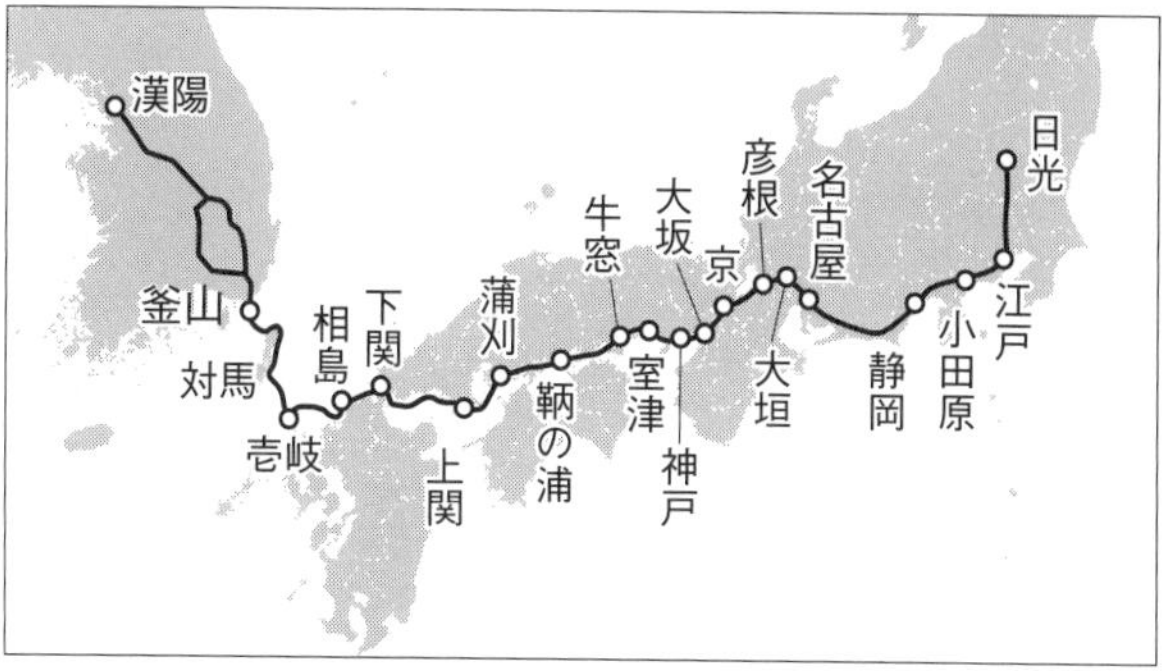

朝鮮通信使の主なルート

高まっていた朝鮮人参を輸入し、莫大な利益を上げる。朝鮮人参とは朝鮮や中国東北部に自生する高麗《こうらい》人参とも呼ばれた薬草のことで、日本でも需要が大きい産物であった。

さて、朝鮮通信使一行の人数は400〜500人にも達したが、幕府の応接は丁重を極めた。その待遇は勅使並みだったが、来日の際には対馬藩主の宗家みずから藩士たちを率いて江戸まで同行した。

朝鮮の首都漢陽《かんよう》を出立した通信使は、釜山までは陸路で向かった。釜山からは外洋航行船として建造された朝鮮の船に乗り、日本を目指した。6隻ほどの船団に乗り込んだ通信使一行は対馬や壱《い》岐《き》に立ち寄った後、関門《かんもん》海峡を越えて瀬戸内海を東に進行。大坂に上陸した後は、陸路で江戸に向かった。

朝鮮通信使の接待では、対馬藩が大きな役割を担った。対朝鮮外交の実務を担っていたことから、到着から帰国までの接待業務でも大いに期待されたのである。

江戸到着までの接待業務にあたったのは沿道の大名たちだが、10万石以上ならば接待費は自腹。10万石以下なら幕府持ちと定められていた。幕府持ちの場合は大名が立て替え、後に幕府から支給された。接待業務とは一行の休憩・宿泊場所を用意して食事も提供することだが、その裏には朝鮮事情に詳しい対馬藩のアドバイスがあった。

こうした接待は、対馬藩から提供された情報に基づき、各大名家が個々に対応していた。通信使に同行していた同藩から、通信使一行の人数、到着の日程などの情報を得ることで、接待に落ち度がないよう努めたが、特に食事については対馬藩作成の「朝鮮人好物之覚」という覚書《おぼえがき》の提供を受けている。

この覚書には、「牛・猪・鹿などの肉、鯛《たい》・蛸《たこ》・海老などの魚、大根・牛蒡《ごぼう》などの野菜も差し支えない。塩魚や川魚はあまり好まない」といった豆知識が載せられていた。沿道の大名たちが対馬藩からの情報に基づき、四苦八苦しながら食事を提供した様子が窺える（安藤優一郎『参勤交代の真相』徳間文庫カレッジ）。

蝦夷地支配を許された松前藩

次は松前藩主の松前家である。その所領は蝦夷地《えぞち》、現在の北海道にあった。

歴史教科書に蝦夷地が登場するのは江戸時代の頃からだが、室町時代中期にあたる14世紀には、和人《わじん》と呼ばれた本州の人々が現在の北海道南部へ進出していた。既に蝦夷地にはアイヌの人々が住んでいたが、和人の進出で生活が圧迫されたため蜂起に追い込まれる。長禄元年（１４５７）に起きたコシャマインの戦いだが、蜂起したアイヌ人を平定したのが、後に松前藩主となる蠣崎《かきざき》家である。

その後、渡島《おしま》半島南西部にある松前に本拠を移した蠣崎家は、江戸時代に入ると徳川家康から蝦夷地の支配を認められ、松前と改姓する。ここに、福山城を居城とする松前藩が誕生したが、その所領は現在の北海道西南の一部に過ぎず、蝦夷地の大半が

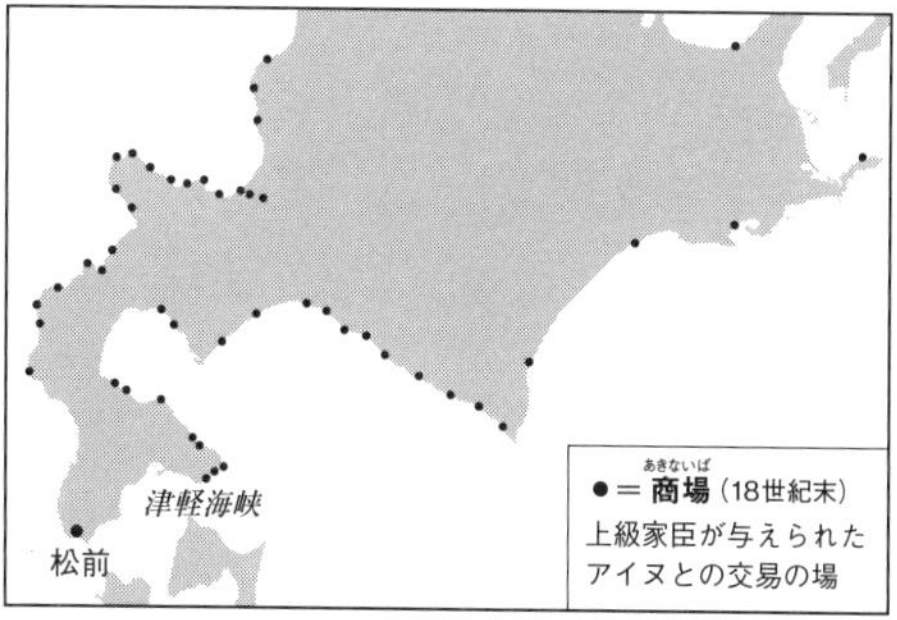

蝦夷地地図

アイヌ人の居住地であることに変わりはなかった。

幕府からアイヌ人との交易を許された松前藩は、上級家臣に蝦夷地交易の権利を分与した。米・綿布といった本州の産物をアイヌ人に売り渡すとともに、鮭・鰊《にしん》・昆布などの蝦夷地の産物を受け取っている。松前藩が所領の代わりにアイヌ人との交易権を与えたのは、当時蝦夷地では米がとれなかったからだ。

つまり、松前家も無高の大名だった。幕府から1万石の格式を持つ大名として正式に認定されたのは享保4年（1719）のことである。

しかし、江戸時代も後期に入ると、ロシア船が蝦夷地の近海に姿を現して通商を求めるようになった。そのため、幕府は松前藩だけには任せられないと判断し、文化4年（1807）に蝦夷地を直轄地とする。松前奉行を置いて、みずから北方の警備にあたった。

一方、蝦夷地を取り上げられた松前家は、陸奥国の梁川《やながわ》9000石にお国替えとなる。無高ではなくなったものの、実際の禄高では大名から旗本に転落した格好だ。

よって、幕府に松前への復帰を執拗に求め続ける。その後、ロシアの脅威が遠のいたこともあり、文政4年（1821）に蝦夷地が返還された。ようやく松前藩は蝦夷地に戻ることができたのである。

04 実は全国に大勢いた城を持たない大名たち

大名によって対応が違った一国一城令

一国一城の主という言葉がある。他から干渉を受けず独立している立場を示す言葉として今もよく使われるが、江戸時代の大名の場合、大名と言っても一つの国を支配するどころか、城を持っているとも限らなかった。というよりも、大名の約半分は城主ではなかった。

戦国時代には、全国各地に数えきれないほどの城があった。大名の領内にはいくつもの城があるのが普通で、その家臣が城を持つことも別に珍しくなかった。

城は軍事施設である以上、そうした状況は戦国時代が続いた背景にもなるが、天下統一の過程で城は次々と破却され、慶長20年（1615）閏《うるう》6月には、その総仕上げとも言うべき法令が発せられた。歴史教科書にもよく登場する一国一城令である。

その2カ月前の5月に、家康は全国の大名を総動員して大坂城に籠る豊臣家を滅ぼし、徳川家が名実ともに将軍として全国に君臨することになった。以後島原の乱を除いて、幕末まで戦乱は起きず、泰平の世に入っていく。

そして、豊臣家を滅ぼした勢いで、諸大名に対して一国一城令を発した。居城以外の城郭の破却を命じたが、これは西国大名宛に個別に出されたものであった。

当時、西国大名の大半はかつて豊臣秀吉のもとで徳川家と同列の大名であった。いわゆる外様大名であり、幕府としてはその動向に不安を隠せなかった。その軍事力を封じ込めるため、居城以外の城郭の破却を命じたのである。

一国には二つの意味があった。大名の領国としての国、武蔵国など六十余州という枠組みでの国だが、大名により法令解釈が異なっていた。

大半の大名は前者の解釈を取っており、長門・周防の2カ国を支配する長州藩毛利家は長門の萩《はぎ》城以外の城をすべて破却している。周防国も同様で、重臣吉川広家《きっかわひろいえ》の居城・周防国岩国城も破却されて廃城の処置が取られた。

二国一城の毛利家に対し、阿波と淡路の2カ国を支配する徳島藩蜂須賀《はちすか》家は居城徳島城のほか、淡路では洲本《すもと》城を支城として存続させた。二国二城であったが、同様の事例としては因幡《いなば》・伯耆《ほうき》2カ国を支配する鳥取藩池田家が居城鳥取城とは別に、伯耆の米子《よなご》城を支城とした事例が挙げられる。

一国一城令は大名の力を削ぐ狙いがあったと指摘されることが多いが、大名の権力基盤を強化する役割も結果的に果たした。有力な家臣が持っていた城郭を幕府からの命令ということで破却できたからである。

そして、翌7月に諸大名宛に武家諸法度を公布し、武力ではなく法のもとに大名を統制する意志を示した。大名が武家諸法度に違反した場合、当の大名は改易に処せられることになっていたが、早くも3年後にはそれが現実のものとなる。

諸大名が幕府の許可なく城を普請することは武家諸法度で固く禁じられたが、広島藩主・福島正則は許可なく居城の広島城を普請《ふしん》してしまう。これが違反行為とされ、正則は改易に処せられた。元和5年（1619）のことであった。

戦前の広島城。江戸時代初期には福島正則が治めた（『日本名勝旧蹟産業写真集』国会図書館所蔵）

一国一城令は、直接には西国大名宛に出されたものだったが、東国大名もその対象だったことは言うまでもない。

こうして、江戸時代に入ると城は一気に整理されていく。

城主格の大名と陣屋大名

一国一城令が最終的な決め手となって城の数は150ほどに整理されたが、大名の数は俗に三百諸侯、実数260前後であり、城を持たない大名が半分近くにも達する計算となる。本藩（本家）の居城を残すため、支藩（分家）の城を破却する事例もみられたが、最初から城を持っていない大名も多かった。

1万石を与えられて大名に取り立てられた事例が結構多かったのだ。1万石では築城は許可されなかったが、加増されて3万石ぐらいに達すると築城を許される資格を持つとみなされた。しかし、実際に築城を許された事例は少なかったため、城を持たない大名が100家ほどにも達したのである。

武家諸法度では、大名について「国主《こくしゅ》、城主《じょうしゅ》、一万石以上」と表記されるのが通例である。国主とは国持《くにもち》大名のことで、名称のとおり1カ国以上を所領とする大名。城主は城持《しろもち》大名。1万石以上は城を持たない大名のことだった。国持大名が城を持っているのは言うまでもない。

言い換えると、大名は城を持っているか否かで大別された。城主か否かで格差が付けられたことがわかる。

国持大名は20家（国持格を含む）、城持大名は128家、城持格の大名は16家、城を持たない大名は111家という幕末期の数字が残されている（『江戸博覧強記』小学館）。国持格は国持大名に準じると格付けされた大名。城持格大名は城主格とも呼ばれ、城持大名に準じると格付けされた大名のことである。

城持格の16家も、城を持たない111家も、城を持っていなかった点では同じだが、城持格に格上げされると、江戸城などでの席次や待遇が城持大名と同様になる。そのため、城持格を望む大名は多かった。

城持格から実際に築城が許され、名実ともに城主となった事例も稀ではない。賄賂政治家のイメージ

◉大名の種類

名称	家数（幕末期）	特徴
国持大名（国主）	国持と国持格あわせて20家	1カ国以上、もしくは1カ国に相当する領地を有する大名
国持格大名		1カ国は有しないが、国持大名に準じる格付けがなされた大名
城持大名（城主）	128家	幕府公認の城を持った大名
城持格大名	16家	城は持たないが、城持大名に準じる格付けがなされた大名
城なし大名（一万石以上）	111家	築城を認められず陣屋に住んだ城を持たない大名

※（　）内は武家諸法度での表記

が今なお強い田沼意次は、もともと旗本の身分であったが、9代将軍・徳川家重《いえしげ》の側近として頭角を現す。

宝暦8年（1758）に遠江国相良《さがら》藩1万石の大名に取り立てられたが、10代将軍家治《いえはる》の代に入っても重用されて、明和4年（1767）には側用人《そばようにん》に抜擢される。石高も2万石となって城持格に昇格したが、その後築城も許されたため相良城《さがらじょう》を築くことができた。田沼に対する家治の信任の厚さが窺える。

安永元年（1772）には老中に昇任し、幕閣の中心となる。最終的には5万7000石にまで加増されたが、家治の死を境に失脚する。その後減封され、田沼は失意のうちに世を去るが、やがて田沼家は陸奥国の下村《しもむら》1万石へのお国替えが命じられる。田沼が築いた相良城はその没落を象徴するかのように破却され、廃城処分となる。

西大平藩復元陣屋

城を持たない大名は陣屋を代わりに設けたため、陣屋大名とも呼ばれた。陣屋には城にみられるような櫓《やぐら》などはなかったが、広大な屋敷の周りが石垣や塀、堀で囲まれるのが定番であり、城郭と称しても何ら不思議ではなかった。

寛延元年（1748）、加増により禄高が1万石に達して大名に取り立てられた大岡忠相は、所領があった三河国で西大平《にしおおひら》藩を立藩する。陣屋を構えることになったが、その門構えは復元されており、往時を偲ぶことができる。

城主格に格上げされた大名もこうした陣屋を構えていた。陣屋大名も城主格と格付けされた大名も、その実態は同じだったのである。

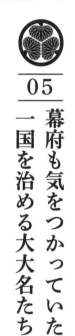

05 幕府も気をつかっていた一国を治める大大名たち

国持十八家

冒頭で述べたとおり、幕府が大名に格差をつける際の原則は、将軍との関係だった。将軍に近いほど高く格付けされ、遠いほど低く格付けされたが、それ以外の原則もあった。その大名が辿ってきた歴史、由緒である。

徳川家が将軍に任命されて武家の棟梁となったことで、すべての大名はその幕下に組み入れられたが、それまで天下人の座にあった豊臣家のもとで同列だった大名との関係は、微妙であった。外様大名と格付けして幕府の政治から遠ざけただけでなく、その所領も江戸から遠ざけたが、江戸時代以前からの歴史的な経緯を踏まえて、その由緒を重んじる処遇を与える場合がみられた。
1カ国以上、あるいはそれに準じる規模の所領を支配する外様大名については「国《くに》持《もち》大名」と格付けし、優遇したのだ。俗に「国持十八家」と称された大名たちである。「国主《こくしゅ》」とも呼ばれた国持大名の数には諸説があるが、ここでは18家としてみていこう。18家とは以下の大名である（石高はおおよそのもの）。

◉国持十八家一覧

家名	領地とおおよその表高
加賀藩前田家	加賀・能登・越中102万5000石
薩摩藩島津家	薩摩・大隅・日向・琉球72万9000石
仙台藩伊達家	陸奥62万石　※77万石と称されることも
熊本藩細川家	肥後54万1000石
福岡藩黒田家	筑前52万3000石　※のち支藩を立て47万3000石
広島藩浅野家	安芸42万6000石
長州藩毛利家	長門・周防36万9000石
佐賀藩鍋島家	肥前35万7000石
鳥取藩池田家	因幡・伯耆32万5000石
津藩藤堂家	伊勢・伊賀32万3000石　※のち支藩を立て27万石
岡山藩池田家	備前31万5000石
徳島藩蜂須賀家	阿波25万7000石
久留米藩有馬家	筑後21万石
秋田藩佐竹家	出羽20万6000石
土佐藩山内家	土佐20万2000石
米沢藩上杉家	出羽15万石
福井藩松平家	越前32万石
松江藩松平家	出雲18万6000石

加賀藩前田家（加賀・能登・越中102万5000石）、薩摩藩島津家（薩摩・大隅・日向・琉球72万9000石）、仙台藩伊達家（陸奥62万石）、熊本藩細川家（肥後54万1000石）、福岡藩黒田家（筑前52万3000石）、広島藩浅野家（安芸42万6000石）、長州藩毛利家（長門・周防36万9000石）、佐賀藩鍋島《なべしま》家（肥前35万7000石）、鳥取藩池田家（因幡・伯

者32万5000石）、津藩藤堂《とうどう》家（伊勢・伊賀32万3000石）、岡山藩池田家（備前31万5000石）、徳島藩蜂須賀《はちすか》家（阿波25万7000石）、久留米藩有馬家（筑後21万石）、秋田藩佐竹家（出羽20万6000石）、土佐藩山内《やまうち》家（土佐20万2000石）、米沢藩上杉家（出羽15万石）、そして福井藩松平家（越前32万石）、松江藩松平家（出雲18万6000石）の18家だ。

加賀藩以下の16家はいずれも外様大名だが、福井藩と松江藩は徳川一門の親藩大名であった。ただし、親藩大名と言っても幕府からは敬して遠ざけられており、幕政への発言権を持っていない点では外様大名と変わりはなかった。

国持大名の総石高は二十数カ国で700万石を超えたが、幕末の政局に雄藩として登場する藩ばかりだ。薩摩・長州藩を筆頭に、幕府への対抗勢力として台頭するのは幕末史が明らかにしているところである。

外様大名16家は、二つに大別される。戦国大名の系譜を引く家と、織田信長や豊臣秀吉により取り立てられた大名の2種類だ。

前者は島津家、伊達家、毛利家、上杉家、佐竹家などで、鎌倉・室町時代から歴史の舞台に登場するほどの名家であった。戦国時代に入る前から大名として自立しており、戦国時代に入って台頭した徳川家としては、その由緒には敬意を払わざるを得なかったことがわかる。後者は前田家、細川家、黒田家、浅野家、池田家、山内家などで、徳川家と同じく戦国時代に入って大名に取り立てられた。

国持大名に準じると格付けされた国持格の大名も数家ある。宇和島《うわじま》藩伊達家（伊予10万石）、二本松《にほんまつ》藩丹羽《にわ》家（陸奥10万石）、柳川《やながわ》藩立花《たちばな》家（筑後10万石）。そして10万石格の対馬藩宗家などだが、丹羽家のみ、信長・秀吉により取り立てられた大名だった。

優遇された国持大名

国持大名（国主）の一人である第5代仙台藩主の伊達吉村《よしむら》は、幕府が国持大名に対して取っているスタンスについて次のように語っている。

家臣でもなく、かといって客人でもないような対応である。

国持大名は徳川家と主従関係にあり、臣下の礼をとってはいるものの、完全に家臣というわけではなかった。と言っても、同格の客人でもない。幕府との微妙な関係を表わした貴重な証言だ。

そうした微妙な関係が幕府をして国持大名を幕政から遠ざけ、所領も江戸から遠ざける背景となったが、その分、他の大名に比べて優遇する姿勢を取っていた。従四位《じゅしい》以上の官位（一般の大名は従五位が相場）を与えたほか、徳川一門であることを示す松平の称号を下賜した。

三河国の一領主松平家の嫡男として生まれた家康は、当初は松平元信《もとのぶ》、元康《もとやす》という名前だったが、三河国を統一した後、家康に改名する。その後、徳川姓に改姓した。三河には家康以外にも「十八松平」と称された松平一族が大勢おり、他の同族の松平家と差別化するため徳川姓に改姓したい思惑も秘められていた。

家康は子沢山であったが、徳川姓を名乗ることを認めたのは跡継ぎとした秀忠と、将軍職を継ぐ資格を持たせた尾張・紀伊・水戸の御三家の初代（義直《よしなお》・頼宣《よりのぶ》・頼房《よりふさ》）だけだった。それ以外の子については、養子に出した者以外は松平の称号を名乗らせた。なお、御三家の分家も松平の称号を名乗らせたが、本家を継ぐと当然ながら徳川姓となる。

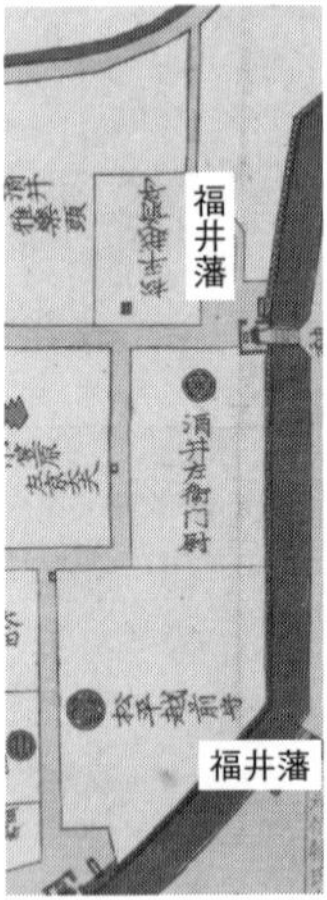

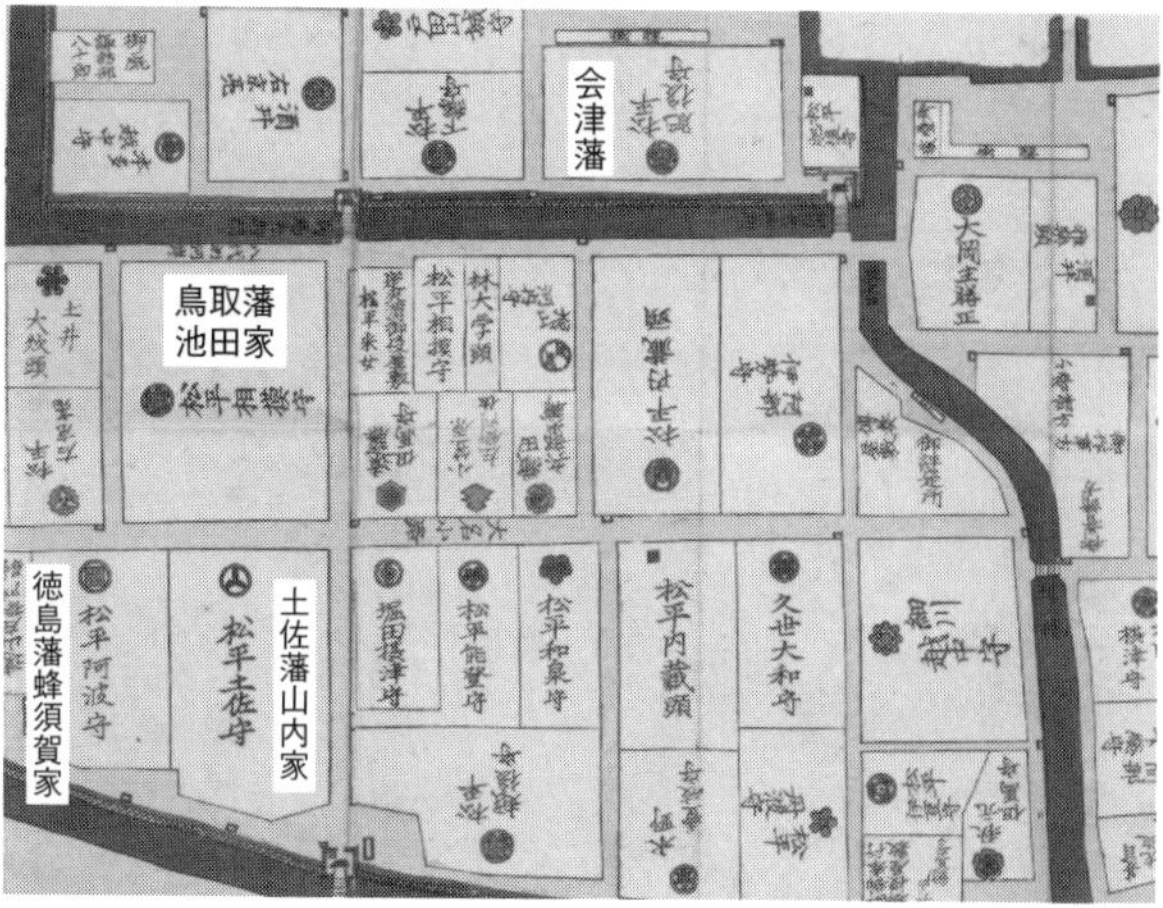

家名を記した国持大名のほか、多くの大名が松平姓を与えられている
（「江戸切絵図 御江戸大名小路絵図」国会図書館所蔵）

松平とは徳川一門であることを認める称号であったが、幕府としては国持大名に松平の称号を与えることで、一門として厚遇する姿勢を示したのである。

国持大名で松平の称号を下賜された大名としては、前田家、島津家、伊達家、黒田家、浅野家、毛利家などが挙げられる。ちなみに、細川家は松平の称号は名乗っていないが、それは同家が辞退したからであるという。

上の図は、江戸城大手門《おおてもん》付近に広がっていた大名屋敷（江戸藩邸）の様子を描いた切絵図《きりえず》である。もともと松平を名乗っていた福井藩松平家

（「松平越前守」）の屋敷や会津藩松平家（「松平肥後守」）の屋敷のほか、鳥取藩池田家（「松平相模守」）、徳島藩蜂須賀家（「松平阿波守」）、土佐藩山内家（「松平土佐守」）の屋敷も立ち並んでいたことがわかるが、池田家など国持大名が松平の称号を与えられていたことも確認できる。

松平の称号が与えられた国持大名には、次期藩主となる世継ぎが将軍の前で元服する際に、時の将軍の名前の一字が下賜される殊遇《しゅぐう》も与えられた。その際には官位も授けられる。一般の大名とは異なり、藩主になる前から官位が得られる特典もあった。

正徳5年（1715）4月5日、薩摩藩主・島津（松平）吉貴《よしたか》の世継ぎ又三郎は江戸城に登城し、7代将軍家継の御前で元服する。会場は本丸御殿内の黒書院であった。その際、家継から松平の称号とともに「継」の字が与えられ、以後は島津（松平）継豊《つぐとよ》と名乗ることになった。同時に従四位下《じゅしいのげ》侍従《じじゅう》、大隅守《おおすみのかみ》に任官する。

家継の時代に「継」の字が与えられた国持大名としては、福岡藩主となる松平継高《つぐたか》つまり黒田継高、岡山藩主となる松平継政《つぐまさ》つまり池田継政などが挙げられるが、島津継豊と同じく、将軍の御前で元服した際に「継」の字に加えて官位も与えられた。このような格に応じた特別感を演出することで、幕府は大名をコントロールしようとしたのである。

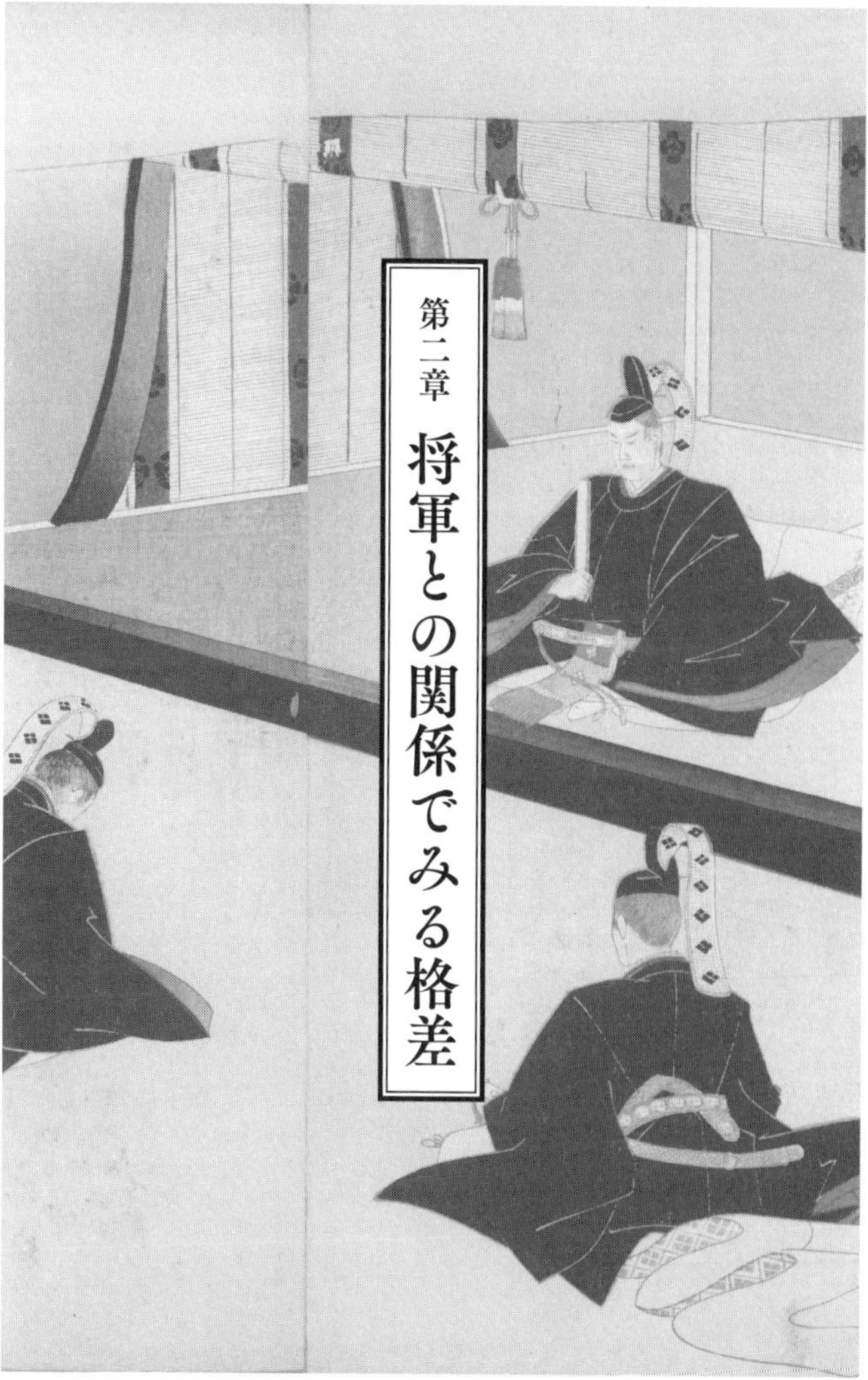

第二章　将軍との関係でみる格差

「将軍との関係でみる格差」の基本——親藩・譜代・外様

冒頭でも触れたとおり、大名は基本的に将軍たる徳川家との関係で格付けされた。徳川家よりも歴史の古い大名などは例外として、将軍に近いほど家格が高く、遠いほど家格が低く抑えられた。

徳川将軍家との関係で大名を格付けする際は、3種類で分けられるのが定番だ。親藩《しんぱん》大名・譜代《ふだい》大名・外様《とざま》大名の三つである。時期により推移はあるが、幕末の頃には大名の総数は270名弱で、そのうち親藩大名は20名強、譜代大名は150名弱、外様大名は100人弱であった。

親藩大名とは徳川一門の大名のことだが、徳川姓のほか松平姓の大名も含まれる場合があった。松平は、家康が徳川姓に改めるまでの苗字である。家康の子どもを藩祖とする尾張・紀州・水戸の徳川御三家が親藩大名の筆頭格であった。

ただし、親藩は幕末から使われるようになった名称で、「家門《かもん》」が通称である。家門とは家康の息子や子孫を藩祖とする大名家を指す言葉だった。

譜代大名とは、もともと徳川家に仕えていた家臣筋の大名である。父祖の代から家康

（松平家）に仕え、天下人つまり将軍の座に押し上げた家臣団のうち、１万石以上の石高を有した者のこと。江戸開府後、新たに徳川将軍家（宗家《そうけ》）の家臣となって大名に取り立てられた者も譜代大名に含まれる。

幕府の役職に就けるのは譜代大名に限られ、親藩大名は将軍からの特命がない限り、幕政には関与しないのが原則である。将軍としては、親類筋の大名に同族ということで意見されるのを封じ込めたかった。家臣筋の大名ならば、そうした懸念はない。

外様大名は、家康が豊臣家に代わって天下人の座に就いたことで主従関係を取り結んだ大名のことである。豊臣秀吉の時代は家康と同列の大名だったが、家康が天下分け目の関ヶ原合戦に勝利したことで、止むなく臣下の礼をとった。外様大名については親藩大名と同じく幕政に関与することはなかったが、幕末に入ると外様大名たちは幕政への進出を目指すようになる。

親藩・譜代大名は江戸や大坂周辺、東海道筋などの要地、一方の外様大名は江戸から遠い場所に配置される傾向があった。総じて、東国は親藩・譜代大名、西国は外様大名が多かった。江戸城を居城とする徳川将軍家との親疎が反映された配置である。

しかし、同じ親藩、譜代、外様大名と言っても様々な格差があった。本章ではその格差に注目しながら、バラエティーに富んだ大名格差の実態を解き明かしていこう。

06 御三家は御三卿に乗っ取られた？ 将軍を継げる家で起きた異変

将軍家を継ぐ資格を持つ御三家と御三卿

親藩大名は二つに大別される。徳川姓を名乗った大名と、徳川家の旧姓松平姓を名乗った大名の二つである。

徳川姓を名乗れたのは、家康の子どもを始祖とする徳川御三家《ごさんけ》（尾張・紀州・水戸徳川家）と、8代将軍吉宗の子と孫を始祖とする徳川御三卿《ごさんきょう》（田安《たやす》・一橋《ひとつばし》・清水《しみず》徳川家）の六家に限られた。徳川姓を名乗れるとは、徳川将軍家（宗家《そうけ》）を継ぐ資格を持つ家ということでもあった。

六家以外にも徳川姓を名乗った事例はある。2代将軍秀忠の子忠長《ただなが》は徳川姓を許され、

◉**徳川将軍家略系図**（数字は藩主就任順）

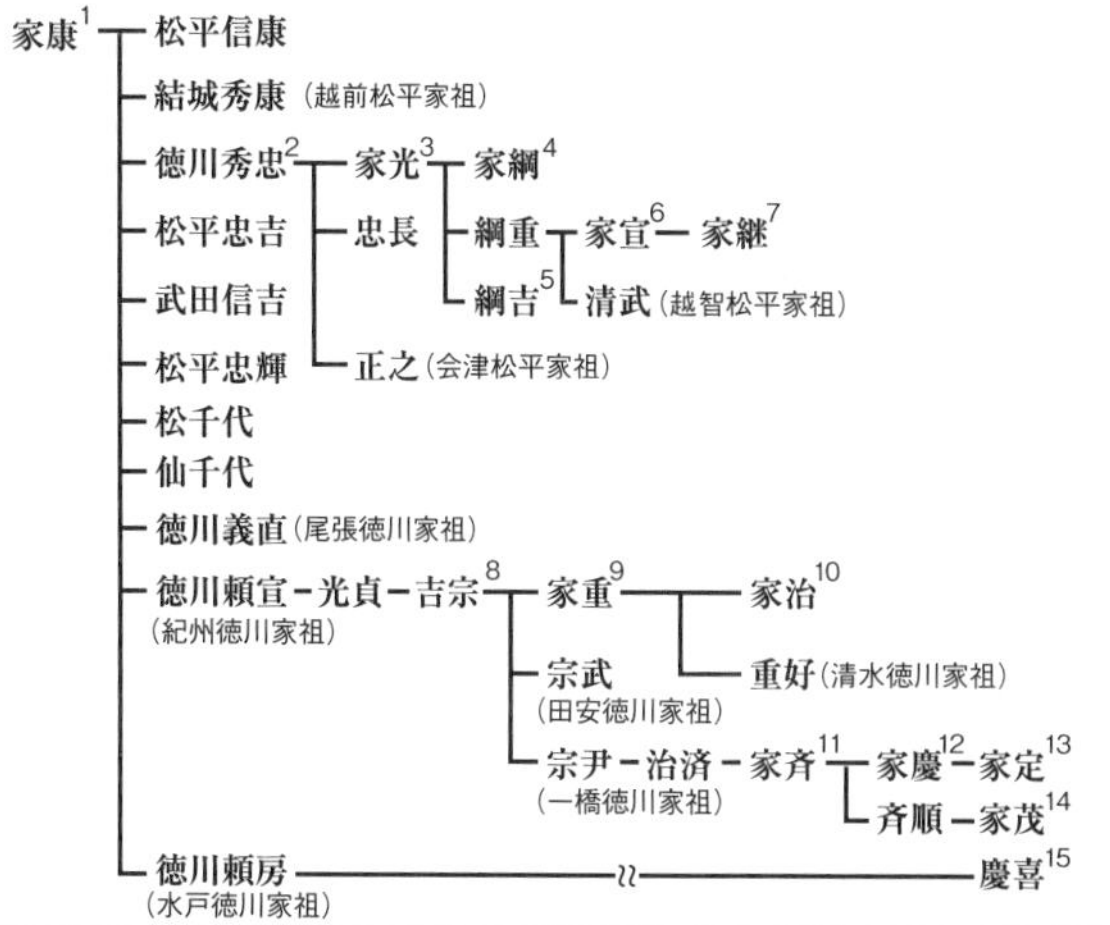

駿河・遠江・甲斐国で55万石を与えられた。しかし、兄の3代将軍家光により改易され、やがて自害に追い込まれる。

家光の長男である4代将軍家綱《いえつな》は弟の綱重《つなしげ》と綱吉を分家させ、徳川姓を許した。綱重には甲斐国甲府25万石（甲府徳川家）、綱吉には上野《こうずけ》国館林《たてばやし》25万石（館林徳川家）を与えたが、綱吉が5代将軍の座を継ぐと、館林徳川家は徳川宗家に吸収される形で消滅する。その後、綱重の子綱豊《つなとよ》（家宣《いえのぶ》）が6代将軍の座を継ぐと、甲府徳川家も徳川宗家に吸収された。

再び徳川姓を名乗れる家は御三

家だけとなるが、紀州家から将軍家を継いだ8代将軍吉宗は長男家重に9代将軍の座を譲る一方で、その弟宗武《むねたけ》と宗尹《むねただ》を分家させて田安徳川家と一橋徳川家を創設する。石高はそれぞれ10万石である。家重には跡継ぎがいたものの、その血筋が絶えた時は両家から継嗣《けいし》を迎えようと目論んだ。その裏には自分の子孫に将軍職を継承させたい吉宗の意図が秘められていた。

家重は長男家治に将軍の座を譲ったが、次男の重好《しげよし》を分家させて清水徳川家を創設する。石高は同じく10万石である。ここに家治の血統が絶えた時は御三家のほか、田安・一橋・清水徳川家から継嗣を迎えるルールが生まれた。

御三家に対し、吉宗の血筋から生まれた三家は御三卿と称されたが、家治の長男が早世したことで、11代将軍選びの際に早速このルールが適用される。選ばれたのは一橋徳川家当主・治済《はるさだ》の長男豊千代《とよちよ》である。在職期間が50年もの長きにわたった将軍家斉《いえなり》だ。

家斉の孫にあたる14代将軍家茂《いえもち》が死去した際にも、水戸家から養子に入っていた一橋家当主の慶喜が15代将軍の座に就く。最後の将軍徳川慶喜である。

なお、田安、一橋、清水という苗字は江戸城の城門に由来する。御三卿に与えた屋敷が田安御門、一橋御門、清水御門の近くにあったことから、そう名付けられた。

尾張・紀州両家と水戸家の格差

初代将軍の家康は、三男秀忠に徳川宗家を継がせて将軍の座も譲ったが、将軍家たる秀忠の血統が絶えるのを恐れ、将軍を継ぐ資格を持つ三つの家を創設する。秀忠の弟義《よし》直《なお》（家康九男）・頼宣《よりのぶ》（十男）・頼房《よりふさ》（十一男）を分家させて尾張名古屋城、紀伊和歌山城、常陸水戸城を与え、その藩主とした。尾張・紀州・水戸の徳川御三家である。

家康は、秀忠と御三家以外の一門には徳川姓を名乗らせなかった。松平姓を名乗らせることで、将軍家の秀忠そして御三家との格差を明確にする。秀忠の子孫に将軍の継承者がいない場合は、分家たる御三家が宗家を継ぎ、将軍職を継承するとしたが、同じ御三家でも尾張・紀州家と水戸家の間にははっきりと格差があった。

尾張家の石高は61万9000石余である。石高では外様大名の前田家・島津家・伊達家には及ばなかったが、官位では従二位《じゅにい》の大納言《だいなごん》まで昇進できた。極めることができる官位を極位極官《ごくいごくかん》というが、尾張家の従二位大納言とは諸大名のなかでは最高位だった。つまりは、将軍に次ぐ官位である。

紀州家は55万5000石で、その極位極官は尾張家と同じく従二位大納言だった。官位は同じであり同格と言ってよい。ただ、尾張家の藩祖が家康の九男で、紀州家の藩祖がすぐ下の弟だったことが、石高が尾張家よりも5万石ほど少なかった理由だろう。

水戸家の石高は35万石で、尾張・紀州家の半分ほどしかなかった。その上、従三位《じゅさんみ》中納言《ちゅうなごん》までしか昇進できず、極位極官でみても一ランク下であった。

同じ御三家と言っても、尾張・紀州家に比べると格差が付けられていた。つまりは家格が劣っており、将軍職の継承レースで不利は免れなかった。水戸家が副将軍の家柄と俗称される原因ともなる。

御三家から将軍家を継いだ事例は二つある。最初は7代将軍家継が夭折《ようせつ》し、秀忠の子孫でしかるべき相続者がいなくなった時だ。財政難に苦しむ紀州藩の藩政改革に成功した実績や6代将軍家宣の御台所《みだいどころ》天英院《てんえいいん》の強い推しにより、紀州藩主の吉宗が尾張藩主の継友《つぐとも》や水戸藩主の綱條《つなえだ》を抑えて8代将軍の座に就く。

二度目は、13代将軍家定《いえさだ》が跡継ぎなく病死した時である。この時も家定の内意を受けた大老の彦根藩主・井伊直弼《いいなおすけ》の強い推しで、紀州藩主の慶福《よしとみ》が将軍家を継ぎ、14代将軍家茂《いえもち》となる。

将軍家と御三家の関係だが、将軍の娘を御三家の当主に嫁がせることで、双方の絆を固めようとしている。とはいえ、御三家は将軍職を継げる資格があったため、いきおい将軍家への対抗意識を強く持っていた。同格ではなかったが、その家臣という意識は希

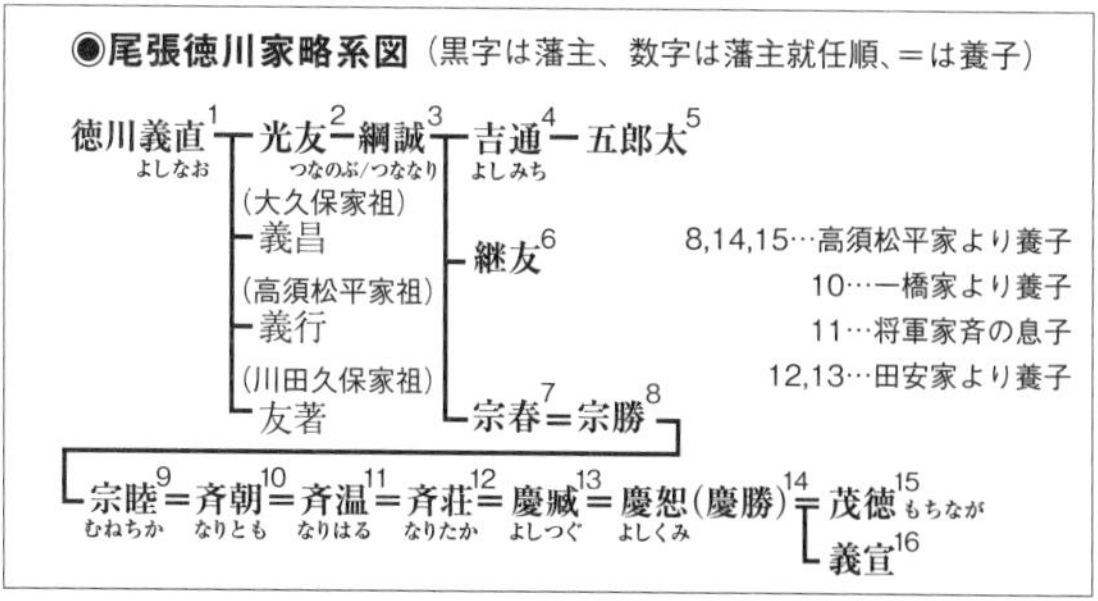
◉尾張徳川家略系図（黒字は藩主、数字は藩主就任順、＝は養子）
徳川義直《よしなお》 1
光友 2
綱誠《つなのぶ/つななり》 3
吉通《よしみち》 4
五郎太 5
（大久保家祖）
義昌
継友 6
（高須松平家祖）
義行
（川田久保家祖）
友著
宗春 7
宗勝 8
宗睦《むねちか》 9
斉朝《なりとも》 10
斉温《なりはる》 11
斉荘《なりたか》 12
慶臧《よしつぐ》 13
慶恕《よしくみ》（慶勝） 14
茂徳《もちなが》 15
義宜 16
8,14,15…高須松平家より養子
10…一橋家より養子
11…将軍家斉の息子
12,13…田安家より養子

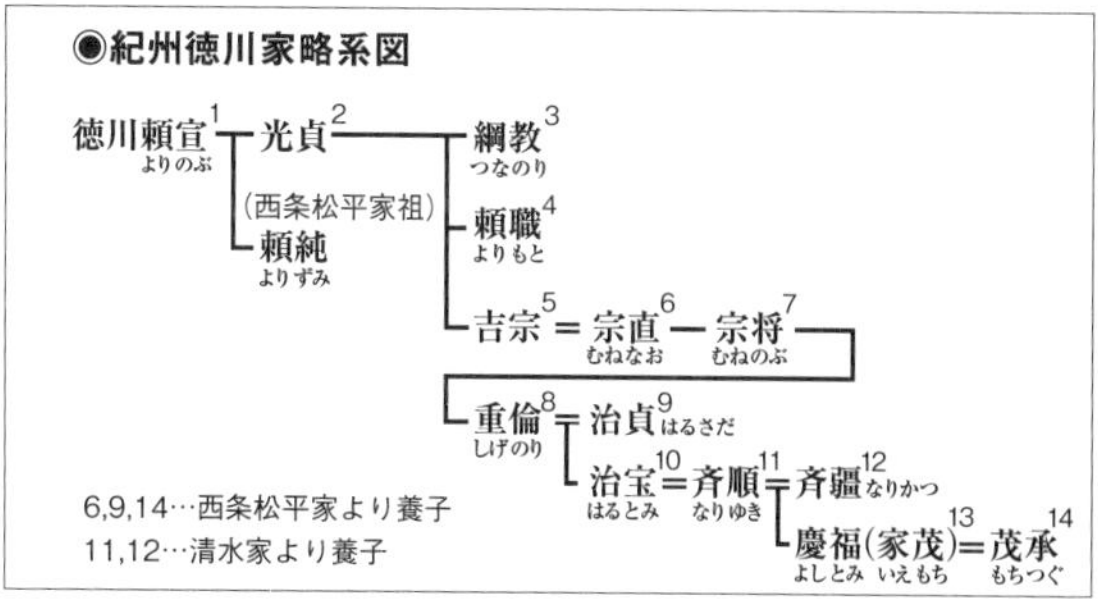
◉紀州徳川家略系図
徳川頼宣《よりのぶ》 1
光貞 2
綱教《つなのり》 3
（西条松平家祖）
頼純《よりずみ》
頼職《よりもと》 4
吉宗 5
宗直《むねなお》 6
宗将《むねのぶ》 7
重倫《しげのり》 8
治貞《はるさだ》 9
治宝《はるとみ》 10
斉順《なりゆき》 11
斉彊《なりかつ》 12
慶福《よしとみ》（家茂《いえもち》） 13
茂承《もちつぐ》 14
6,9,14…西条松平家より養子
11,12…清水家より養子

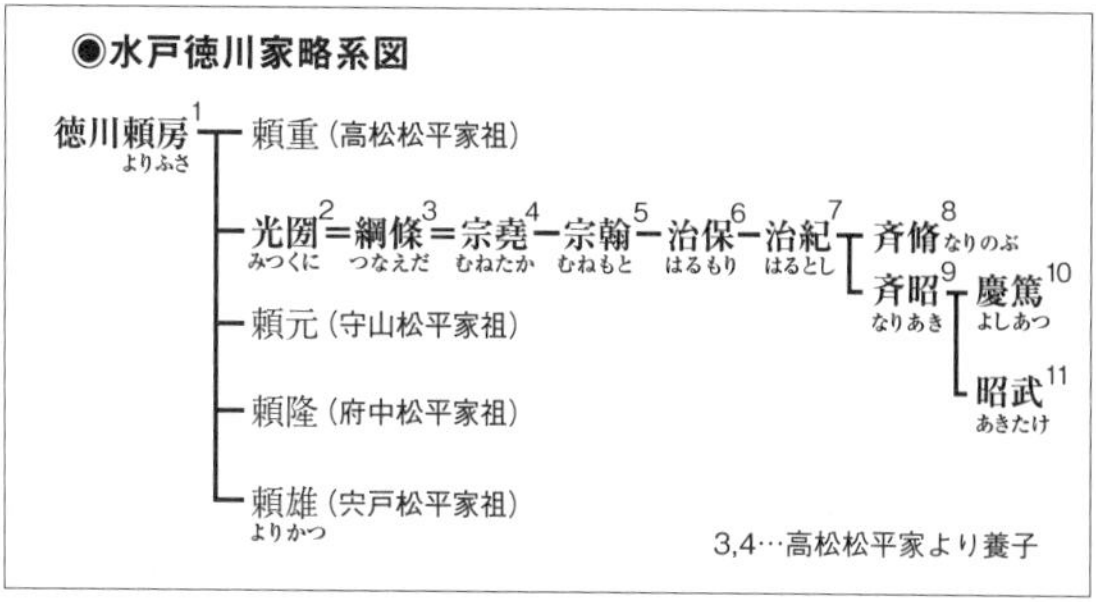
◉水戸徳川家略系図
徳川頼房《よりふさ》 1
頼重（高松松平家祖）
光圀《みつくに》 2
綱條《つなえだ》 3
宗堯《むねたか》 4
宗翰《むねもと》 5
治保《はるもり》 6
治紀《はるとし》 7
斉脩《なりのぶ》 8
斉昭《なりあき》 9
慶篤《よしあつ》 10
昭武《あきたけ》 11
頼元（守山松平家祖）
頼隆（府中松平家祖）
頼雄《よりかつ》（宍戸松平家祖）
3,4…高松松平家より養子

薄であった。

なかでも、紀州家が二度にわたって将軍の座を継いだことで、紀州家に強いライバル意識を持つ尾張家は、徳川将軍家つまりは幕府との距離が大きくなっていく。それに拍車をかけたのが、子沢山で知られた11代将軍家斉の息子を、養子に押し付けられたことであった。

そのため、尾張家は御三家として幕府を支える立場でありながら、幕末に入ると紀州系と言ってもよい幕府と距離を置く政治的立場を取る。明治維新の際には幕府と袂を分かち、明治政府の一翼を担うまでに至る。

一橋家に牛耳られた御三卿

次に、御三卿をみていこう。

御三卿は10万石の所領は与えられたものの、居城はなかった。江戸城の城門近くに建てられた屋敷に住んでいた。

そのため、参勤交代の義務もなく江戸定府だった。御三家のように、独立して別に一家を構えるのではなく、江戸で将軍の家族のような処遇を受けて生活した。所領を直接

◉御三卿略系図（数字は藩主就任順、＝は養子）

（田安家略系図）

田安宗武《むねたけ》[1]－治察《はるさと》[2]＝斉匡《なりまさ》[3]＝斉荘《なりたか》[4]
　　　　　　　　　　　　　└慶頼《よしより》[5]┬寿千代《ひさちよ》[6]
　　　　　　　　　　　　　　　　　　　　　└家達《いえさと》[7]

3…一橋家より養子
4…将軍家斉の息子

（一橋家略系図）　一橋家が事実上、御三卿を牛耳る

一橋宗尹《むねただ》[1]－治済《はるさだ》[2]－斉敦《なりあつ》[3]－斉礼《なりのり》[4]＝斉位《なりくら》[5]＝慶昌《よしまさ》[6]＝慶壽《よしひさ》[7]＝昌丸《まさまる》[8]＝慶喜《よしのぶ》[9]＝茂栄《もちはる》（茂徳《もちなが》）[10]

5,7…田安家より養子　6…将軍家慶の息子
8,10…尾張家より養子　9…水戸家より養子

（清水家略系図）

清水重好《しげよし》[1]＝敦之助《あつのすけ》[2]＝斉順《なりゆき》[3]＝斉明《なりのり》[4]＝斉彊《なりかつ》[5]＝昭武《あきたけ》[6]

2,3,4,5…将軍家斉の息子　6…水戸家より養子

支配する領主ではなく、家臣をして支配に当たらせた。

10万石の所領と言っても、各地に分散していた。6、7カ国での所領を合わせて10万石である。田安家の場合でみると、武蔵・下総・甲斐・摂津・和泉・播磨で所領が与えられた。

御三卿の家臣団は、自前の家臣ばかりではない。というよりも、少なかった。幕府から出向してきた幕臣や幕臣の次男・三男から主に構成され、家老や用人などの上級役職に至っては、出向の幕臣で占められた。幕府人事の都合で他職に転じることも度々だった。その点、同じ徳川一門でも分厚い譜代の家臣団を持つ御

三家とは、まったく違っていた。

御三卿の石高は御三家の半分にも満たず、自前の家臣も少なかったが、将軍職を継承する資格がある上に、やがて御三家を継承する事例も珍しくなくなるため、家格も御三家に迫りはじめる。大納言や中納言にまで昇進する当主も現れる。

御三卿の間では、御三家でみられたような格差はなかったが、当主不在の状況が長かった清水家は田安・一橋家に比べると、その政治的な影響力は低かった。田安家も2代目当主治察《はるさと》が跡継ぎなく死去すると、そのまま当主不在の状況が14年も続いた。

その間、田安家のライバルだった一橋家が台頭し、2代目当主治済《はるさだ》の長男豊千代《とよちよ》が将軍家を継いで家斉となる。田安家も豊千代の弟斉匡《なりまさ》が継いだため、一橋家の勢威は名実ともに田安家を上回った。清水家にしても一橋家出身の家斉の息子が相続する例が大半であり、事実上、一橋家が御三卿を牛耳っていたのが実態である。

なお、御三卿の特徴としては、御三家も含めて他の親藩大名や譜代大名に養子に入る事例が多いことが挙げられる。当主不在となる場合が多い理由にもなっていた。

寛政改革を老中として主導した白河藩主・松平定信は、田安家から譜代大名の白河藩松平家に養子に入った人物である。幕末に政事総裁職（大老に相当）に就任する前福井藩主の松平春嶽《しゅんがく》も、同じく田安家から親藩大名の福井藩松平家に入った人物だった。

福井藩松平家の場合は過去に、重昌《しげまさ》、重富《しげとみ》と2代続けて一橋家から養子が入ったこともあった。

御三卿が御三家を乗っ取る

幕府が、将軍の家族として扱われた御三卿の家の男子を親藩大名の養子とすることに熱心だったのは、将軍の力を同じ徳川一門に広げたいことが理由の一つだが、やがて御三家もその対象に含まれていく。そこで、最も影響を受けたのは尾張家であった。

尾張家では、9代藩主宗睦《むねちか》の代に跡継ぎが次々と早世したことで相続者がいなくなり、藩祖義直《よしなお》の血統が絶えてしまう。本来、御三家は宗家に継承者がいない場合に備えて創設された家だったが、逆に養子を迎えなければならない事態に追い込まれる。

そうした事態に備え、尾張家では美濃高須家という分家を設けていたが、幕府はこれを無視し、寛政10年（1798）に一橋家当主治国《はるくに》の長男愷千代《やすちよ》を養子として送り込む。治国は一橋家から将軍職を継承した家斉の弟であるため、将軍の甥が尾張家を継いだ形だった。家斉の「斉」を賜り、10代目藩主の徳川斉朝《なりとも》となる。

文政10年（1827）に斉朝が隠居すると、家斉の十九男斉温《なりはる》が養子に入るが、斉温が死去すると、今度は天保10年（1839）に家斉の十二男で田安徳川家を継いでいた斉荘《なりたか》が養子に入る。斉荘が死去すると、弘化2年（1845）には田安家から家斉の甥にあたる慶臧《よしつぐ》が養子に入った。

斉朝から慶臧までの4代にわたって、尾張家では家斉の子や甥が藩主の座に就いたが、3人までが御三卿の出身でもあった。御三卿は吉宗の血統であるから、みな紀州家出身だった。

そのため、藩祖義直の血統を引かない者、それもライバルとも言うべき紀州家の血統を引く者を主君として仰ぐことへの不満が尾張家内部では募っていく。何度も養子を押し付けてきた幕府への反発も高まり、尾張家が幕府に距離を置く遠因となる。

紀州家も、清水家を相続していた家斉の七男斉順《なりゆき》と、二十一男斉彊《なりかつ》を当主に迎えている。清水家は紀州家の流れを汲む家であったためか、尾張家でみられたような反発は家中では起きなかったが、水戸家はそうはいかなかった。

文政12年（1829）に、水戸藩主斉脩《なりのぶ》が跡継ぎなく死去すると、家斉の二十一男で清水家を継いでいた斉彊《なりかつ》を養子に迎える話が浮上する。本来ならば、斉脩《なりのぶ》の弟敬三郎が家督を相続するはずだったが、家老など門閥層の間では、家斉の子を養子に迎えることで、幕府から持参金として莫大な手当が支給されることを狙っていた。それだけ、水戸藩は財政難に苦しんでいた。

しかし、藩祖頼房の血統を引く敬三郎を藩主に推す藩士たちは、納得しなかった。水戸家の相続争いは家中を二分する御家騒動に発展し兼ねない勢いとなるが、斉脩の遺命もあって敬三郎が跡を継ぐことが決まる。

ここに、幕末の政治史に名を残す水戸藩主・徳川斉昭《なりあき》が誕生した。一方、水戸家の相続争いに敗れた斉彊は、その後紀州家に養子に入り、転じて紀州藩主となった。

幕末に入ると、水戸家は幕府と激しく対立しはじめる。尾張家が幕府に距離を置いたのと同じく、この時の相続争いが遠因とされる。

家康の子どもを藩祖とする尾張・紀州・水戸の御三家が親藩大名の筆頭格であったところが、吉宗の子どもや孫を初代とする御三卿が御三家を呑み込もうとしたことで、幕府と御三家、特に尾張・水戸家との関係は悪化し、幕末の政治史にも大きな影響を及ぼすことになるのである。

07 「保険」のはずの御三家も分家をつくってお家断絶を回避

幕府に不満を抱えていた尾張家の分家

徳川将軍家は跡継ぎがいなくなる事態に備え、徳川姓を許した六つの分家に将軍を継ぐ資格ありとしたが、どの大名家にしても一番恐れたのは跡継ぎがいなくなって幕府からお家断絶を申し渡されることであった。所領が没収されて改易となれば、大名はその地位を失う。家臣は主家を失った浪人となり路頭に迷う。

よって、分家を創設して万一に備えたが、そうした事情は将軍を継ぐ資格を持つ御三家も同様だった。御三家でも跡継ぎがいなくなり、分家（支藩）から養子に入って本家（本藩）を継ぐ事例は珍しくなかった。

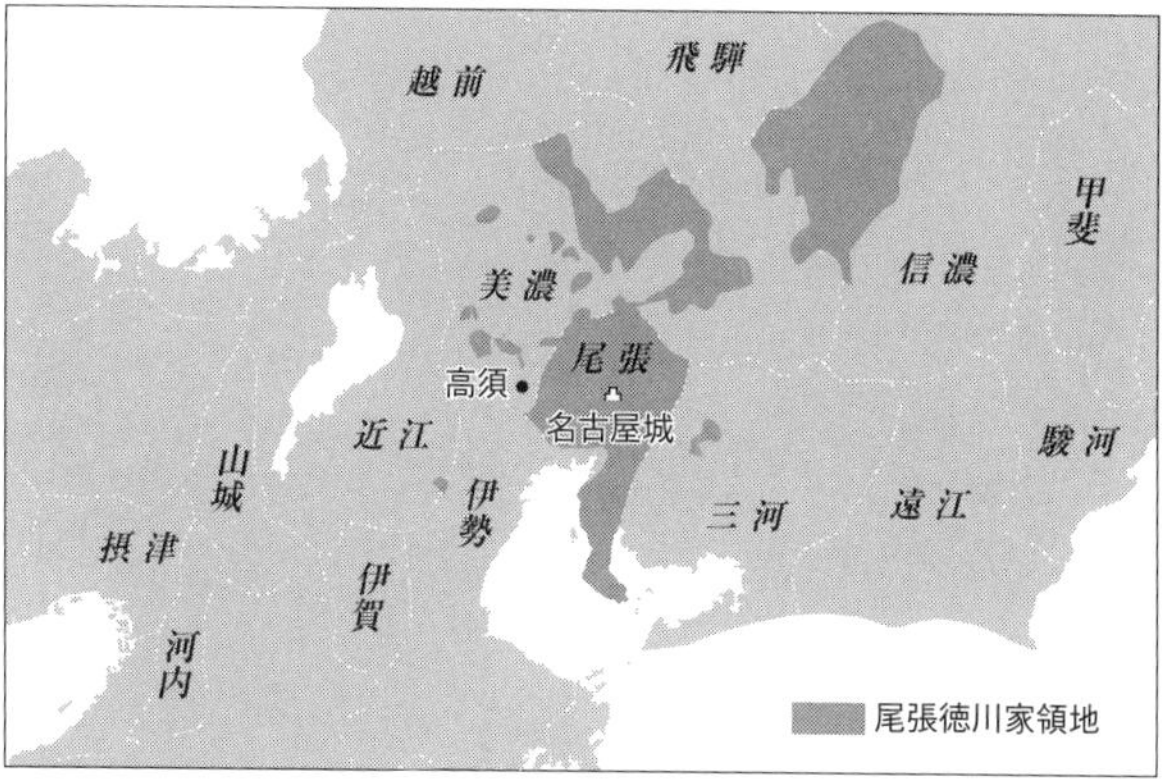

尾張家の所領図〈1664〉（『歴史REAL 徳川歴史大図鑑』（洋泉社）所収図などを元に作成）

御三家側では、分家を連枝《れんし》と呼んだ。連枝とは貴人の兄弟を指す言葉だが、将軍家側は「三家庶流」と呼んでいた。なお、御三家の分家は松平姓にとどまるが、本家を継ぐと徳川姓を名乗ることになる。

まず、尾張家の分家からみていこう。

尾張家の分家は三つあったが、最初に創設されたのは、美濃高須藩松平家である。天和元年（1681）、3代目尾張藩主・綱誠《つなのぶ》の弟にあたる松平義行《よしゆき》が3万石の大名に取り立てられ、尾張の隣国にあたる美濃で高須《たかす》藩が立藩となる。

高須藩松平家から本家の尾張家を継いだ事例は、3例あった。

最初は、7代目藩主・徳川宗春《むねはる》が将軍吉宗から隠居を命じられた時である。将軍吉宗が断行していた享保の改革という名の緊縮財政に楯突く形で積極財政策を展開したことが、その忌諱《きい》に触れた。元文4年（1739）、宗春が幕命により隠居を余儀なくされたことで、高須藩主の松平義淳《よしあつ》が尾張家を継ぎ、徳川宗勝《むねかつ》と改名している。

2度目は、嘉永2年（1849）に田安家から養子に入った13代目藩主慶臧《よしつぐ》が死去した時である。

先に述べたとおり、藩内では過去4代にわたって藩祖義直《よしなお》の血統を引かない者、それもライバルとも言うべき紀州家の血統を引く者を養子として幕府から押し付けられたことへの不満が充満していた。

よって、藩主慶臧が死去すると、これまでの不満が噴出する形で、高須藩から藩主を迎えるべきとする動きが藩士たちの間で表面化する。その結果、幕府も高須藩から当主を迎えることを認めざるを得なくなる。こうして、高須藩主松平義建《よしたつ》の次男義恕《よしくみ》が尾張家を継ぎ、徳川慶恕《よしくみ》と改名した。

3度目は、安政5年（1858）に14代目藩主慶恕が幕府から隠居を命じられた時である。

天皇の許可を得ずにアメリカとの間に通商条約を締結した大老・井伊直弼の政治責任を追及するため、水戸前藩主・斉昭たちとともに江戸城に不時登城して面詰したことが、罪に問われたのだ。当時、予め定められた登城日以外に登城することは禁止されており、御三家とて例外ではなかった。慶恕の隠居に伴い、同じく高須藩から弟の茂徳《もちなが》が尾張藩主となる。

高須藩松平家のほか、その藩祖松平義行の異母兄にあたる松平義昌《よしまさ》を初代とする分家（大久保家と称される）と、異母弟松平友著《ともあき》を初代とする分家（川田久保家と称される）もあったが、やがて本家に吸収され、高須藩松平家のみが尾張家の分家として明治を迎える。

吉宗に次いで紀州家を継いだ分家出身者

次に紀州家の分家を取り上げる。

紀州家の分家も三つあったが、最初に創設されたのは伊予西条《さいじょう》藩松平家である。寛文10年（1670）、初代紀州藩主頼宣の三男頼純《よりずみ》が伊予国の西条で5万石の大名に取り立てられ、西条藩が立藩となった。

西条藩松平家から本家の紀州家を継いだ事例も3度あった。

最初は、正徳6年（1716）に紀州藩主だった吉宗が、8代将軍となった時である。時の西条藩主・松平頼致《よりよし》は吉宗の跡を継いで6代目紀州藩主となり、徳川宗直《むねなお》と

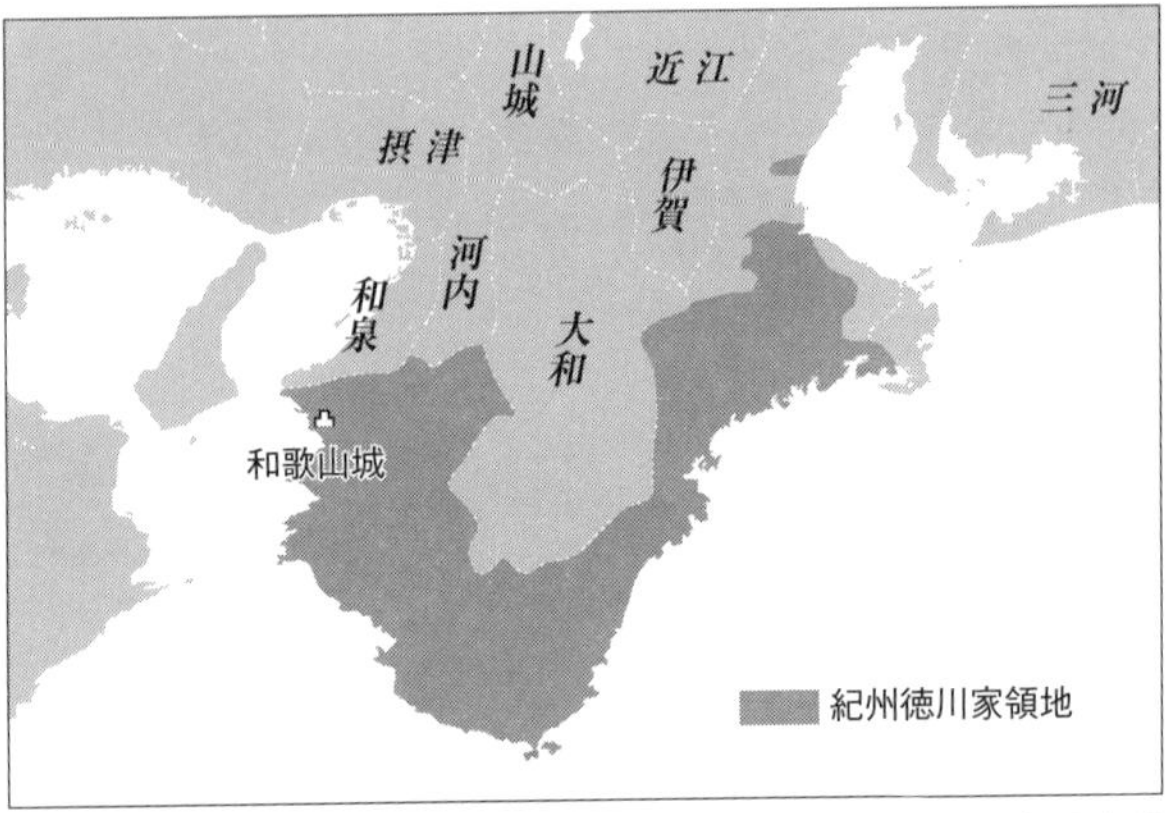

紀州家の所領図（『歴史 REAL 徳川歴史大図鑑』（洋泉社）所収図などを元に作成）

名乗った。

2度目は、安永4年（1775）に紀州藩主の重倫《しげのり》が隠居した時である。重倫の子治宝《はるとみ》が幼少であったため、つなぎの形で西条藩主の松平頼淳《よりあつ》が9代目紀州藩主となり、徳川治貞《はるさだ》と改名した。

3度目は、安政5年（1858）に紀州藩主の慶福《よしとみ》（家茂《いえもち》）が14代将軍となった時である。西条藩主・松平頼学《よりさと》の子頼《より》久《ひさ》が14代目紀州藩主となり、徳川茂承《もちつぐ》と改名した。紀州藩最後の藩主でもあった。

西条藩松平家のほか、一時期、越前丹《に》生《う》藩松平家、越前葛野《かずらの》藩松平家という分家もあった。2代目藩主光貞《みつさだ》の三男頼《より》職《もと》と四男頼方《よりかた》がその藩祖で、いずれも石高は3万石である。

しかし、長兄で3代目紀州藩主となっていた綱教《つなのり》の死去を受け、頼職《よりもと》が4代目藩主の座に就く。その後、頼職も死去したため、今度は頼方が5代目藩主となり吉宗と名乗った。8代将軍吉宗その人だが、頼職と頼方改め吉宗が相次いで紀州藩主となったことで、いずれの分家も消滅し、西条藩松平家のみが紀州家の分家として明治を迎える。

多くの分家が残った水戸家

最後に水戸家の分家を取り上げる。

水戸家の分家は四つあったが、最初に創設されたのは、高松藩松平家である。寛永19年（1642）に初代水戸藩主頼房《よりふさ》の長男頼重《よりしげ》が讃岐国高松で12万石を与えられ、高松藩松平家の立藩となった。

2代目水戸藩主となったのは頼重のすぐ下の弟で、水戸黄門の俗称で親しまれる光圀《みつくに》である。しかし、光圀は兄を差し置いて藩主の座に就いたことを苦にし、自分の跡は頼重の子綱條《つなえだ》に譲って3代目藩主とした。その代わり、実子の頼常《よりつね》をして頼重の跡を継がせ、2代目高松藩主としている。

高松藩松平家から本家の水戸家を継いだ事例は、綱條のほかに一例ある。正徳元年

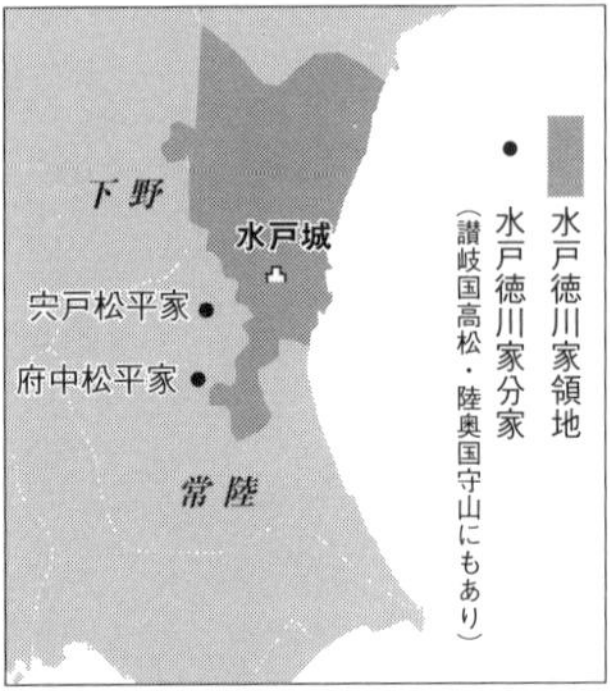

水戸家の所領図〈1802〉（『歴史REAL 徳川歴史大図鑑』（洋泉社）所収図などを元に作成）

（1711）に高松藩主・松平頼豊《よりとよ》の長男が水戸家の養子となって4代目水戸藩主として迎えられ、後に徳川宗堯《むねたか》と名乗った。

他の三つの分家だが、元禄13年（1700）に頼房の四男頼元《よりもと》の子頼貞《よりさだ》が陸奥国守山などで2万石を与えられて、守山藩松平家が立藩となる。同年、頼房の五男頼隆《よりたか》も常陸国府中などで2万石を与えられ、府中藩松平家が立藩した。そして天和2年（1682）に、頼房の七男頼雄《よりかつ》が常陸国宍戸《ししど》で1万石を与えられ、宍戸藩松平家が立藩となる。水戸藩は四分家で明治を迎える。

分家から本家の御三家を継ぐだけでなく、本家の出身者が分家を継ぐ場合も少なくなかった。御三家と連枝と呼ばれた分家は、跡継ぎが絶えないよう互いに養子を受け入れていたのである。

08 将軍になるはずだった？ 越前松平家の数奇な運命

越前松平家誕生の複雑な背景

親藩大名は徳川姓を名乗る御三家・御三卿と、松平姓を名乗る大名に大別されるが、松平姓の親藩大名の代表格と言えば越前松平家である。その一門に属する大名たちの総石高はゆうに１００万石を超えた。越前松平家は諸大名のなかで一大勢力を誇っていた。

しかし、御三家・御三卿に比べると、その動向が注目されることはほとんどない。幕末期を除いて幕府政治に関与できなかったことが大きかったが、将軍家を継承した徳川宗家との微妙な関係が影を落としていた。

越前松平家の歴史を紐解いていこう。

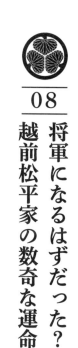

家康の次男・結城秀康（「結城秀康画像（模本）」東京大学史料編纂所所蔵）

家康には多くの子どもがいたが、徳川家の内紛を収めるため、嫡男の信康《のぶやす》には自害を命じざるを得なくなる。そんな御家騒動の結果、家康は三男の秀忠を跡継ぎに指名するが、それは次男の秀康《ひでやす》が家康に疎んぜられていた結果でもあった。

秀康は人質の形で豊臣秀吉のもとに養子に出されるが、その後、下総の名族結城《ゆうき》家の養子となり結城秀康と名乗る。家康が関ヶ原合戦に勝利して天下人となると、越前北ノ庄《きたのしょう》68万石に封ぜられた。

これは御三家の尾張家を上回る石高であり、親藩大名ではトップだった。弟でありながら兄を指し置く形で徳川宗家を継いで将軍の座を継いだ秀忠や父家康の配慮があったことは、容易に想像できよう。気を遣《つか》ったのだ。長幼の順に従えば、秀忠に代わって秀康が2代将軍となっても不思議ではなかったからである。

後に北ノ庄は福井と改められる。そして、結城から松平に改姓することで、越前福井藩松平家が誕生する。

秀康の系統を引く大名家は越前家と総称されたが、「制外の家」とも呼ばれた。現将軍の兄を藩祖とする家柄であったことから、将軍の規制も及ばない特権的な家として処遇された。幕府の身内でありながら、扱いに苦慮する大名家であったことがよくわかる表現だ。

親藩大名の別称で、家康の子孫を藩祖とする大名家を指す「家門《かもん》」も、もとはと言えば越前家を指す言葉であった。親藩大名の筆頭たる御三家の藩祖と言っても、越前家からみれば藩祖秀康の弟に過ぎない。よって、家門と言えば越前家とされたのである。

将軍家と越前家の間には微妙な空気が流れていた。将軍家（幕府）は越前家に非常に気を遣うが、越前家側も将軍となれなかったことへの不満が、藩内に渦巻く。そして、秀康の長男で2代目藩主となった松平忠直《ただなお》の時に、その不満が参勤交代の拒否という形で表に出てしまう。

当時は2代将軍秀忠の時代であった。参勤交代はまだ義務化されていなかったものの、その拒否とは幕府への反逆行為と解釈されても仕方なかった。さらに、重臣である永見貞澄の一族を滅ぼすなどの所行にも及んだため、家臣団は恐慌状態に陥り、藩内の動揺は激しかった。

ここに至り、忠直の行状を看過できなくなった秀忠は隠居を命じる。元和9年（1623）のことである。そして流罪に処したが、配所先は豊後《ぶんご》国であった。

忠直の嫡男光長は国替えを命じられ、越後国高田で26万石を与えられた。半分以下に減封された上での転封だったが、代わりに福井に入ったのは、忠直の弟（秀康次男）で越後高田藩主の忠昌《ただまさ》である。それまでは25万石の身上であったが、50万石に倍増された上で3代目福井藩主となっている。

拡大する越前家

福井藩松平家は50万石の大名として再出発したが、藩内の混乱は続いた。幕府も福井藩の混乱を問題視し、一時25万石にまで減封したが、その後少し加増されて32万石で明治維新を迎える。将軍家、つまり幕府と越前家の微妙な関係を象徴するような石高の推移であった。

秀康の系統を引く越前家の大名は、福井藩松平家と高田藩松平家だけではない。寛永15年（1638）に松本藩主だった秀康の三男直政《なおまさ》が加増の上、出雲国松江で18万6000石を与えられている。松江藩松平家が誕生したが、歴代の松江藩主には茶人としても知られる松平不昧《ふまい》もいる。不昧は号で、実名は松平治郷《はるさと》である。

正保元年（1644）には越前大野藩主だった秀康五男の直基《なおもと》が加増の上、出羽山形

◉越前松平家一門略系図（＝は養子）

結城秀康（家康次男）
- 松平忠直 ― 光長 ＝ 長矩（津山松平家祖）
- 松平忠昌（越前松平家継承）…分家に糸魚川松平家
- 松平直政（松江松平家祖）…分家に広瀬松平家、母里松平家
- 松平直基（前橋松平家祖）
- 松平直良（明石松平家祖）

で15万石を与えられた。慶安元年（1648）に姫路への転封を命じられるが、その長男で跡を継いだ松平直矩《なおのり》は、何度も転封を経験した引っ越し大名として名が挙がることも多い。六男直良《なおよし》も大名に取り立てられ、兄直基の山形転封を受けて越前大野藩主となった。その子直明《なおあきら》の代に播磨《はりま》明石に転封され、明石藩松平家が誕生する。石高は6万石であった（のち8万石に加増）。

なお、高田藩主となっていた松平光長は越後騒動と呼ばれた御家騒動の責任を取らされ、5代将軍綱吉により改易に処せられる。しかし、元禄11年（1698）に光長の養子松平長矩が美作《みまさか》津山《つやま》で10万石を与えられ、復活を遂げる。

そのほか、福井藩の分家として越後糸魚川《いといがわ》藩（1万石）、松江藩の分家として広瀬藩松平家（3万石）と母里《もり》藩松平家（1万石）があり、幕末の頃には秀康の系統を引く家は8家となった。

幕府は越前家との関係は微妙であったものの、その一門の

大名は8家にも及び、総石高は100万石を超えていた。将軍家になっても不思議ではなかった「制外の家」に対する幕府の配慮が数字上でも改めて確認できる。

譜代大名から親藩大名となった会津松平家

越前家は一門の総石高が100万石を超えたものの、親藩大名であるため幕政に関与する道はもともと封ぜられていた。幕府と越前家の微妙な関係を踏まえると、本来は将軍家を継ぐ家柄であったことを考慮して大封を与える代わりに、越前家の政治的発言を何としても封じ込めたい幕府の強い意思があったことは想像するにたやすい。

しかし、幕末に入ると、ペリー来航に象徴される対外的危機を背景に、親藩大名や外様大名も幕政に関与する流れとなる。挙国一致の方針がとられたが、その牽引役となったのが越前家一門の頭領たる福井藩主の松平慶永《よしなが》（春嶽《しゅんがく》）であった。

後に、春嶽は政事総裁職として幕政を統轄する立場となる。当初は大老に任命される話であったが、大老は家臣筋の譜代大名が任命される役職であるとして難色を示した結果、大老に相当する役職として新設された政事総裁職に任命された。

松平春嶽とともに、親藩大名として幕末史で大きな役割を果たしたのが、会津藩主の松平容保《かたもり》である。会津松平家については、かつて藩祖の保科正之《ほしなまさゆき》が将軍補佐役として幕政に関与したことがあった。

保科正之は3代将軍家光の異母弟で、譜代大名の保科正光《まさみつ》の養子となった人物である。寛永20年（1643）に陸奥国会津23万石に封ぜられ、会津松平家が誕生した。その後、家光が死去して長男家綱が4代将軍となるが、幼少の身であることを踏まえ、家光の特命により将軍補佐役として幕政に関与した。甥の家綱の治世を陰で支える役回りを演じた。

ただし、この時はまだ親藩大名ではなかった。譜代大名の処遇を受けていたが、元禄9年（1696）に3代目藩主の正容《まさかた》が松平姓を下賜され、これを機に名実ともに親藩大名となる。

親藩となった会津松平家は越前松平家と同じく、幕政に関与することはなかったが、幕末に入ると状況が一変する。幕府から京都守護職の要請を受けて京都に駐屯し、幕末の政局の最前線に立った。幕府と距離を置いた越前松平家とは対照的に、幕府と運命を共にする道を貫いたのであった。

09 家康もまとめ上げるのに苦労した同族松平家との親族関係

松平家のはじまりと徳川改姓

江戸時代の大名を一覧すれば、松平姓の大名が非常に多いことに気が付く。それだけ、徳川家が同族の松平一族を大名に取り立てたわけだが、「十八松平《じゅうはちまつだいら》」と俗称されたように、松平家と言っても多くの家があった。

家康の先祖は、三河国加茂郡松平郷（現愛知県豊田市）の土豪・松平太郎左衛門であったとされる。土豪とはその土地の豪族のことだが、松平家の家系のなかで実在が確認できるのは親氏《ちかうじ》からであるため、親氏が松平家初代と位置付けられている。その歴代当主は親氏―泰親《やすちか》―信光《のぶみつ》―親忠《ちかただ》―長親《ながちか》―信忠《のぶただ》―清康《きよやす》―広忠《ひろただ》―家康の順である。

◉松平家一門略系図（太字は松平惣領家当主、数字は当主就任順、▒は大名に取り立てられた松平家）

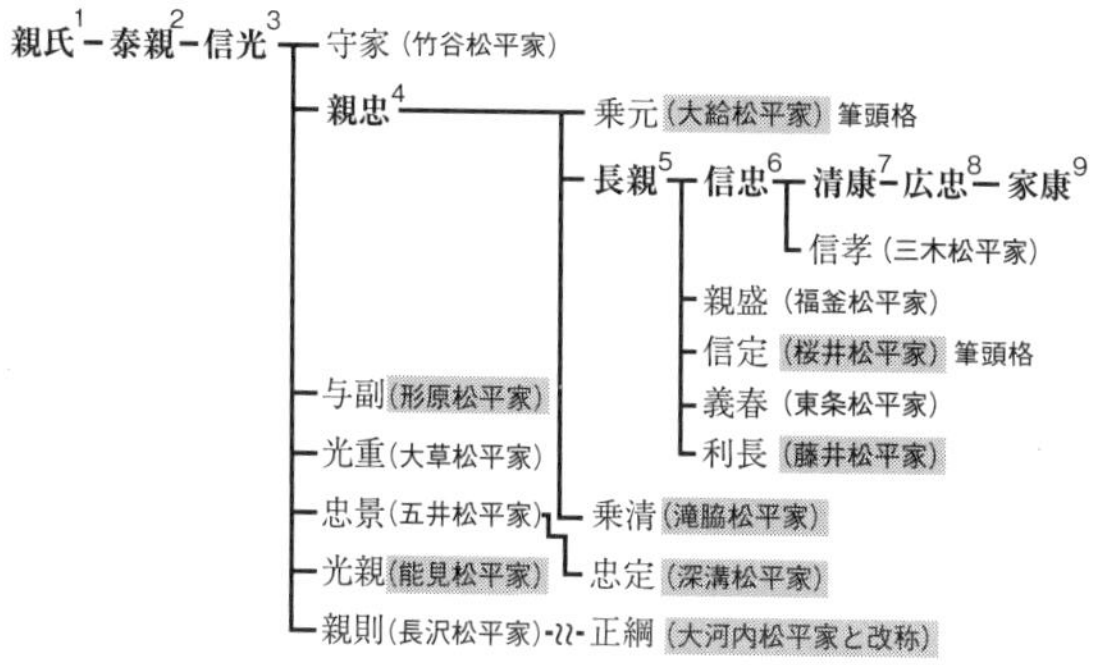

そして、親氏から家康の代までの間に多くの分家（松平）が枝分かれしていった。その結果、「十八松平」と称される一族となる。分家の各松平家は松平郷の周辺に拠点を構築して勢力を広げつつ、本家つまり松平惣領《そうりょう》家《け》を一門として支えることが期待された。

以後、松平一族は三河有数の領主に成長し、家康の代に至って三河統一を実現する。戦国大名として自立した。

ただし、家康の5代前にあたる親忠は松平家の惣領家（岩津《いわつ》松平家と呼ばれる）、すなわち松平一族を率いる頭領の家の出身ではなかった。分家の安城《あんじょう》松平家の当主だった。

しかし、兄で惣領家を継いでいた親長《ちかなが》

が駿河の守護大名今川家との戦いに敗れて衰退したため、安城松平家に惣領家が移行して、松平一族を率いる立場となる。親忠の息子長親の代に岩津松平家が滅んだため、安城松平家が名実ともに惣領家として一族を束ねた。

清康の代には一族への統制を強めて惣領家の基盤を強化しつつ、三河国内の有力武士たちを次々と服属させた。本拠地も安城から岡崎に移したが、天文4年（1535）に家臣に殺されてしまい、三河統一は挫折する。

清康の息子広忠が跡を継いだが、一族を統制できず、三河を追われる事態となる。今川家のバックアップにより、ようやく同6年（1537）に岡崎城に戻ったものの、その代償として今川家に従属することになった。引き続き一族の統制にも苦しむが、同18年（1549）には家臣のために殺されてしまう。

広忠の嫡男が家康だが、当時8才であった。敵対関係にあった尾張の織田信秀《のぶひで》のもとに抑留されていたが、その後、今川義元のもとに人質として送られたため、なかなか三河に戻ることができなかった。

しかし、永禄3年（1560）の桶狭間の戦いで、信秀の子で織田家を継いでいた信長が義元を討ち取る。これを契機に家康は今川家から自立し、三河統一に邁進する。一向一揆に苦しめられながらも、同9年（1566）までに三河統一を実現し、戦国大名として自立した。

その過程で、家康は分家への統制を強化していく。惣領家のもとに完全に従属させることで、みずからの立場を確固たるものにしようとはかるが、その象徴として松平家からの改姓を目論む。それだけ、家康は松平一族の統制に苦しんでいた。

そこで選ばれたのが、清和源氏（新田《にった》家）の流れを汲むことを示す「徳河（得川）」という名称だった。朝廷も家康が「徳河（得川）」家の末裔であることを認め、同年12月に徳河（得川）をもじった徳川への改姓が許可される。朝廷から三河国の支配を意味する三河守に叙任されるには、源氏の流れを汲む由緒ある苗字への改姓が不可欠という事情も背景にあった。単なる三河の土豪では、三河守に任命されることは難しかった。

こうして、徳川三河守家康が誕生する。実力で勝ち取った三河の支配が、朝廷からも認められたのである。

松平家のなかの格差と十八松平

朝廷から徳川改姓を許可され三河守に任命されたことで、松平惣領家当主たる家康は同族たる松平家との格差を明確にした。松平惣領家つまり徳川家との関係を主従関係に完全に切り替えようと目論む。

　こうして、同族の松平各家は徳川家への従属化が進行するが、十八松平と俗称される松平一族は実際のところ、十四松平であった。3代信光から6代信忠までの間にそれぞれの息子が分家して創設された家であり、苗字の前に支配地を付けることにより、一族内で区別していた。

　3代信光の時代に竹谷《たけのや》松平家、形原《かたのはら》松平家、大草《おおくさ》松平家、五井《ごい》松平家、深溝《ふこうず》松平家、能見《のみ》松平家、長沢《ながさわ》松平家。4代親忠の時代に大給《おぎゅう》松平家、滝脇《たきわき》松平家。5代長親の時代に福釜《ふかま》松平家、桜井松平家、東条松平家、藤井松平家。6代信忠の時代に三木《みつぎ》松平家が誕生した。これで十四松平となる。

　すべて大名に取り立てられたのではなく、所領が1万石に満たない旗本や交代寄合もいた。途中で断絶した分家もあったが、江戸開府後、1万石以上に取り立てられた松平家は家臣筋である譜代大名と位置付けられた。

　つまり、親藩大名は家康の子孫に限られ、同族の松平一族はあくまでも譜代大名にとどめられたのである。

　大名に取り立てられたのは、形原松平家、深溝松平家、能見松平家、大給松平家、滝脇松平家、桜井松平家、藤井松平家の7家だ。そのうち、大給松平家と桜井松平家の両家は松平一族を含めた従五位下の官位を持つ大名のなかで筆頭格に位置付けられた。両家は松平一族でも筆頭格だったが、それは徳川に改姓する前からの序列が反映されたものだろう。

◉十八松平家一覧（実際には14家）

	家名	家格
3代信光から分家 ※深溝は五井家次男から分家	竹谷 たけのや	交代寄合
	形原 かたのはら	譜代大名
	大草 おおくさ	旗本・のちに断絶
	五井 ごい	交代寄合
	深溝 ふこうず	譜代大名
	能見 のみ	譜代大名
	長沢 ながさわ	交代寄合・断絶後は大河内家が継承
4代親忠から分家	大給 おぎゅう	譜代大名
	滝脇 たきわき	旗本
5代長親から分家	福釜 ふかま	旗本
	桜井 さくらい	譜代大名
	東条 とうじょう	幕府機構が整う前に断絶
	藤井 ふじい	譜代大名
	三木 みつぎ	幕府機構が整う前に断絶

なかでも大給松平家の系統は繁栄する。幕末には三河西尾藩松平家、三河奥殿《おくとの》藩松平家、美濃岩村藩松平家などがその系統だった。

なお、長沢松平家が断絶した後、三河の有力領主で家康の家臣となっていた大《おお》河内《こうち》正綱《まさつな》が同家を継承し、大河内松平家が誕生する。大河内家に松平の称号が与えられたわけだが、3代将軍家光に仕えて老中にまで昇進した「知恵伊豆《ちえいず》」こと松平信綱《のぶつな》は正綱の甥である。大河内松平家の系統も繁栄し、幕末には三河吉田藩松平家、上野高崎藩松平家、上総大多喜《かずさおおたき》藩松平家の3藩がその系統だった。

譜代大名が松平の称号を与えられた理由

もともと松平一族ではない者が松平の称号を与えられ、譜代大名に取り立てられた事例は他にもある。久松松平家はその代表格である。

話は戦国時代にさかのぼるが、家康の母於大《おだい》の方《かた》は三河刈谷《かりや》城主・水野忠政《ただまさ》の娘であった。ところが、水野家が今川家と敵対する織田家の幕下に入ったことで、今川家の保護下にあった広忠は離縁を余儀なくされる。その後、於大の方は尾張の阿古居《あぐい》城主の久松俊勝《としかつ》と再婚した。

後に家康は、その間に生まれた三人の子（康元《やすもと》・勝俊《かつとし》・定勝《さだかつ》）を実の弟として遇するため松平の称号を与えた。ここに、久松松平家が誕生する。

久松松平家の系統から生まれた譜代大名としては、伊予松山15万石の松平家が挙げられる。その分家は、陸奥白河から転封されて伊勢桑名11万石となるが、幕末の藩主の松平定敬《さだあき》は京都所司代に任命される。桑名松平家は京都守護職を務める親藩大名の会津松平家とともに、幕末の政局で重要な役割を果たしたが、守護職の会津藩主・松平容保《かたもり》は定敬の実兄でもあった。

そのほかの事例としては、奥平《おくだいら》松平家が挙げられる。三河の有力領主・奥平信昌《のぶまさ》は家康の長女亀姫《かめひめ》を妻に迎え、その創業を支えた。その四男忠明《ただあきら》は家康の外孫として松平の称号を与えられ、奥平松平家の祖となる。

松井松平家は、同じく三河の有力武士で家康に仕えた、松井忠次が初代である。その軍功を家康から高く評価され、松平の称号を与えられた。

本庄松平家は、5代将軍綱吉の母桂昌院《けいしょういん》の縁者である。彼女の義弟である本庄宗資《ほんじょうむねすけ》の息子・資俊《すけとし》が初代だ。桂昌院の縁者ということで宗資は旗本に取り立てられたが、その子の資俊の代になって大名に引き上げられ、松平の称号を与えられた事例である。

10 老中になりやすかった譜代大名となりにくかった譜代大名の違い

徳川家の版図拡大と家臣団の膨張

松平姓、そして松平の称号を持つ譜代大名をみてきたが、これは特殊な事例と言ってよい。譜代大名の大半は松平を名乗っていなかったが、一口に譜代大名と言っても様々な格差があった。石高はもちろんだが、松平家、そして徳川家の家臣になった時期で格付けされるのが原則である。家臣となった時期が早ければ早いほど、それだけ徳川将軍家に近いからだ。

しかし、その格差がイコール幕府の役職に反映されるわけではない。むしろ、新参の譜代大名ほど幕府の要職に就きやすい傾向がみられた。

大名に限らず、旗本や御家人も含めた譜代の家臣のうち最古参の者は、三河譜代と呼ばれた。家康が三河を統一するまでに家臣の列に加わった者たちの総称だが、三河譜代のなかでも格差があった。

つまり、家臣となった時期で格付けされており、具体的には岩津譜代、安城譜代、岡崎譜代と類別された。岩津譜代は初代親氏から3代信光までの間に家臣となった者、安城譜代は4代親忠以降、7代清康が岡崎へ本拠を移すまでに家臣となった者、岡崎譜代は清康が岡崎に本拠を移した後に家臣となった者を指す。家臣となった時期が早いほど、その家格は高かったが、それは別に徳川家に限ることではなかった。

家康は三河を統一した後、版図を東に拡大する。今川家の領国となっていた遠江国に侵攻し、その家臣たちを服属させていった。日ならずして、戦国大名としての今川家は消滅する。

遠江を平定した後は、駿河そして甲斐・信濃と武田家の旧領国を手に入れ、今川家に続けて武田家の旧臣も家臣団に編入した。後北条家の滅亡後、その旧領関東に転封されると、北条家の旧臣も家臣団に組み込む。

家康による版図拡大に連動して徳川家臣団は膨張していったが、関ヶ原合戦で勝利して天下人となり幕府を開くと、それまで豊臣家のもと徳川家と同列だった大名たちにも臣下の礼をとらせた。すべての大名と主従関係を取り結ぶことになったが、そこで大名が三つに分けられる。

家康の子孫で大名に取り立てられた者は親藩大名、天下人となった後に服属した大名は外様大名、それ以前から家臣であった者は譜代大名とした。江戸開府後、新たに徳川家の家臣となり、立身出世して大名に取り立てられた場合も譜代大名である。

譜代大名トップの徳川四天王

家康が関東の領主となった時の石高は250万石にも達したため、江戸開府前から1万石以上の所領を持つ家臣は大勢いた。その多くは1万石にとどまったが、開府後は軒並み加増される。あるいは、1万石以上に加増されて新たに大名に取り立てられた家臣も多かった。

こうして、譜代大名の数は急増する。その大半は数万石レベルであったものの、数だけでみれば外様大名の数を上回ってしまう。

家康の家臣団を象徴する言葉として「徳川四天王」というフレーズはよく知られているだろう。酒井忠次《さかいただつぐ》、本多忠勝《ほんだただかつ》、榊原康政《さかきばらやすまさ》、井伊直政《いいなおまさ》の4名のことである。いずれも、家康の創業を支えた重臣たちであり、この4家は譜代大名の代表格となる。

　酒井忠次の先祖は、松平家初代親氏の次男広親《ひろちか》である。親氏が三河国酒井郷の領主酒井家の娘との間にもうけた子で、母方の苗字を名乗らせて松平惣領家の家臣とした。最古参で筆頭格の家臣だったが、もとを正せば松平一族としての顔も持っていた。忠次は家康が関東に転封される前に隠居するが、家督を継いだ家次は、下総臼井《しもうさうすい》3万石から越後高《たか》田《だ》10万石にまで加増されている。その子忠勝の代には出羽庄内で14万石を与えられた。

徳川四天王の榊原康政（左）と井伊直政（右）（「榊原康政画像（模本）」「井伊直政画像（模本）」東京大学史料編纂所所蔵）

　本多忠勝も父祖の代から松平家に仕え、その軍功により上総大多喜《おおたき》で10万石を与えられる。息子忠政の代には西国の要衝姫路15万石に封ぜられた。榊原康政も軍功により上野《こうずけ》館林で10万石を与えられ、子孫の代で15万石に加増される。

　井伊直政は三河譜代ではなく、遠江の有力

領主・井伊家の出身であった。家康が遠江に侵攻した時に家臣となる。家康が関東に転封された時に上野箕輪《みのわ》で12万石を与えられたが、これは家臣団ではトップの石高だった。関ヶ原合戦後に近江佐和山で18万石を与えられ、子孫の代で彦根35万石の大名となる。

10万石以下が大半を占めた譜代大名のなかで、徳川四天王の家は石高でみるとトップクラスであった。それだけ家臣を多く抱えており、合戦《かっせん》の際に動員できる兵力は大きかった。姫路城など、軍事上の要衝にあった城を与えられるのが通例である。

トップクラスだったのは石高だけではない。格式も高かった。

四天王の家をはじめ江戸開府前から1万石以上の石高を与えられた譜代大名が江戸城に登城した時の控えの間（殿席《でんせき》という）と、江戸開府後に大名に取り立てられた譜代大名の控えの間は別だった。前者は「帝鑑之間《ていかんのま》」、後者は「雁《がん》之間」「菊《きく》之間縁頬《えんがわ》」が殿席に指定された。次章（128〜137ページ）でみるとおり、譜代大名は控室で格付けされていた。

新参者が老中になりやすい空気があった

幕府の役職に就けるのは原則として譜代大名のみだが、常置の役職としては老中が最高職である。そのため、老中に任命されるのは譜代大名のなかでも格式の高い大名と思われがちだが、必ずしもそうではなかった。江戸開府前から1万石以上を与えられた譜代大名よりも、江戸開府後に大名に取り立てられた譜代大名の方が老中に任命されることが、むしろ多かった。

老中とは将軍の委任を受けて政務を執る文官であり、有事の際に軍事力を期待される武官ではない。よって、さほどの石高を持たない者が務めるべきであり、石高の多い者は合戦の時にその力を発揮すべきという意識が譜代大名の間では強かったからだ。そうした意識が反映された結果、江戸開府後に大名に取り立てられた譜代大名の方が老中に就任する事例が多くなる。武士としてのプライドが働いた結果とも言えるだろう。

実際、老中に就任した事例をみると、四天王を出した家が老中に就任した事例はほとんどない。井伊家や榊原家に至っては一例もない。

井伊家と酒井家については大老に就任した事例があるが、大老は非常置の将軍代行職であり、老中とは違う。将軍の代わりを務めるのならば、就任することもやぶさかではなかったのだろう。光栄なことでもあったはずだ。

老中は3万石以上の譜代大名から選任されるのが慣例だった。言い換えると、3万石あれば老中に就任できた。石高のハードルが低かったことで、江戸開府後に大名に取り立てられた譜代大名たちも老中に就任しやすかった。なお、3万石未満の譜代大名は老中次席の若年寄に任命され、老中とともに幕政に携わった。

こうして、石高の少ない譜代大名が幕政を牛耳ることが珍しくなくなる。将軍の信任を得て、一代にして旗本から大名に取り立てられ、加増により3万石の壁を超えて老中となる事例もみられた。600石の旗本から遠州相良《さがら》5万7000石の大名となり、老中として幕閣の頂点に立った田沼意次はその典型的な事例である。

11 家康の同期たちを幕府はいかに扱ったのか？

戦国大名だった外様大名

外様大名は、家康が天下人となった後に服属した大名のことである。豊臣秀吉は全国各地に割拠していた戦国大名をすべて服属させて天下人の座に就いたが、その死後、家康は豊臣家から天下人の座を奪い、幕府を開いた。

豊臣政権下で、家康は諸大名の筆頭格とされていた。石高も250万石でありダントツだ。その次は毛利輝元と上杉景勝が120万石であり、半分以下に過ぎない。100万石以上の大名は徳川家、毛利家、上杉家の3家のみであった。

豊臣政権下の大名は二つに大別できる。各地で割拠していた戦国大名と、織豊《しょくほう》取立大

毛利輝元画像（模本）（東京大学史料編纂所所蔵）

名とも呼ばれる織田信長や秀吉が取り立てた大名の2種類だ。いずれも、秀吉の家臣という点で家康とは同列であり、江戸時代に入ると徳川家から外様大名として位置付けられるが、前者からみていこう。

戦国大名の大半は、室町幕府から各国の守護職に命じられた守護大名ではなかった。その下に序列される守護代《しゅごだい》や国人《こくじん》から一国を支配する大名に成りあがったが、守護代そして国人とはいったい何か。

室町時代、守護大名は京都に居住することが幕府から義務付けられたため、自分の代理たる守護代に支配国の統治を任せるのが慣例だった。その場合、地元の有力武士（在地領主という）を守護代に採用することが多い。現地の事情に詳しい者を任命した方が統治には好都合だったのである。

この場合、守護と守護代はいわば仕事上の上司と部下のような関係であり、双方に主従関係の意識があったとは言い難い。そのため、応仁・文明の乱を境に幕府の権威が弱体化すると、守護大名との関係が一変する。幕府を後ろ盾とする守護大名の権威も、連動して弱体化したからだ。

これを好機として、現地を支配する守護代が守護大名を追放する形で、みずから大名として成り上がる事例が各地で起きる。まさしく、下剋上であった。越後の守護代から越後を支配する戦国大名となった上杉謙信は、その一例だ。

国人とは、地元の在地領主のことである。国人領主、最近では国衆《くにしゅう》と呼ばれることも多いが、守護大名は有力な国人を守護代に採用して現地支配に当たらせた。

ところが、国人たちが連合して守護大名に対抗する動きが起きはじめる。これを「国人一揆」というが、その盟主が戦国大名に成長する事例もみられた。安芸の国人領主から中国地方数カ国を支配する戦国大名に成長した毛利元就は、その象徴的な事例である。

もちろん、守護大名がそのまま戦国大名となった事例もある。甲斐の武田家、駿河の今川家、豊後の大友家、薩摩の島津家が挙げられるが、少数にとどまる。それだけ、実力本位の時代だったことがわかる。

守護大名は一国を支配する大名だが、戦国大名の所領は一国を超える場合もあれば、一国未満つまり数郡規模の支配にとどまる場合も多かった。それよりも所領が小さい場合は、国衆として戦国大名にはカウントされないのが一般的だが、江戸時代に入ると、1万石あれば正式に大名として格付けされる。

国内の大名を二分させた関ヶ原合戦を経て、戦国大名、国衆は淘汰された。家康に敵対した者は所領をすべて没収されて改易となるか、減封処分となる。大名としての地位を失うか、その地位を保っても所領が大幅に減らされた。例えば、土佐一国を支配していた長宗我部《ちょうそかべ》家は改易に処され、毛利家や上杉家は30万石に減封されている。

信長・秀吉に取り立てられた外様大名

次は織豊取立大名をみていこう。

信長は版図を拡大させる過程で、家臣を大名に取り立てていった。天下統一の尖兵《せんぺい》として戦場に投入するためだが、家臣の新規採用にも積極的だった。そんな新規採用組の出世頭が秀吉だが、年来仕えた家臣でも能力がないと見切れば容赦なくリストラしたことは、信長を語る際によく引き合いに出される事実である。

信長の横死後、秀吉はその遺志を継ぐ形で天下統一に向けて邁進したが、それには同列だった信長の家臣たちを服属させる必要があった。信長により大名に取り立てられた丹羽《にわ》長秀《ながひで》や前田利家たちは秀吉に臣従する道を選ぶが、敵対する道を選んだ柴田勝家たちは滅ぼされていく。

信長の後継者としての地位を確立した秀吉は、徳川家、毛利家、長宗我部家、島津家、伊達家などの戦国大名を服属させた。最後に北条家を滅亡させることで天下統一を実現したが、並行して家臣たちを大名に次々と取り立て、豊臣家を守る支柱とする。加藤清正、福島正則、石田三成など、豊臣恩顧の大名と称された面々である。豊臣家の譜代大名と言ってよいだろう。

このように、信長や秀吉が取り立てた大名を織豊取立大名と呼んだが、秀吉の死後に家康が天下人への野心を示したことで、全国の大名が二つに分かれる関ヶ原合戦が起きる。その結果、戦国大名のみならず織豊取立大名も淘汰される。石田三成をはじめ、家康に敵対した大名は改易に処せられた。

福島正則像《模本》。正則は秀吉に取り立てられたのち、関ヶ原の戦いで家康に味方し、広島藩49万石の藩主となる（東京国立博物館所蔵／「ColBase」収録）

戦後、家康に味方した織豊取立大名は大幅に加増された上で、西国を中心に転封された。江戸時代、譜代大名の大半が数万石レベルだったのに対し、20万石を超える外様大名が珍しくなかったのはこの時の論功行賞が理由である。その裏には、大封を与える代わりに江戸から遠ざけたい意図が秘められていた。

一門として扱うことで名誉を与える

幕府は戦国大名や織豊取立大名の系譜を引く外様大名に対して、どのようなスタンスを取ったのか。

江戸そして幕政からも遠ざける一方で、1カ国以上、それに準じる規模の所領を支配する外様大名は国持大名として厚遇したことは前章でみたとおりである。国持大名18家のほとんどは外様大名で、福井藩松平家と松江藩松平家のみ親藩大名だが、2家とも幕府とは微妙な関係にあった越前家一門だった。親藩大名ではあるが、幕府とは外様大名のような距離があった。

外様大名が大半の国持大名には従四位以上の官位を与えるだけでなく、徳川一門であることを示す松平の称号を与えた。偏諱《へんき》と称して時の将軍の名前の一字を下賜し、一門としての殊遇も与えたが、それだけではない。

将軍の娘を嫁がせることで、名実ともに親類つまりは一門に位置付けた。その場合は江戸城に登城した際の殿席も、国持大名などの控席である大広間から将軍ゆかりの大名ということで御三家の控席である大廊下に格上げされている。

一国クラスの所領を持つ外様大名には、国持大名として一門格の名誉を与えたのである。

12 外様だけれど譜代待遇で幕政にも参加した大名たち

譜代大名として事実上認められた外様大名

諸大名は徳川将軍家との関係で親藩・譜代・外様の三つに類別されたが、それは固定したものではなかった。会津松平家は幕府の命で保科から松平に改姓したことを機に、譜代大名から親藩大名となっているが、外様大名が譜代大名として事実上認められた事例もあった。

外様大名の方から願い出ることで譜代大名格となったが、これを「願譜代《ねがいふだい》」と称した。願い出ても幕府から認められなかった事例もあるが、願いが許可されて譜代大名としての処遇を受けた外様大名の事例をみていこう。諸説あるが、「願譜代」の外様大名としては播磨龍野《たつの》藩脇坂《わきさか》家、信濃松代《まつしろ》藩真田家、相馬《そうま》藩中村家などが挙げられるのが定番だ。

脇坂家の先祖は、加藤清正や福島正則たちとともに賤ヶ岳七本槍《しずがたけしちほんやり》として名を馳せた一人・脇坂安治《やすはる》である。秀吉により淡路洲本《すもと》3万石の大名に取り立てられた豊臣恩顧の大名で、外様大名では織豊取立大名の系列に属した。

関ヶ原合戦では石田三成率いる西軍に属したものの、小早川秀秋とともに家康率いる東軍に寝返ったことで、戦後本領は安堵された。慶長14年（1609）には加増の上、伊予大洲5万3000石に転封となっている。

息子の安元《やすもと》の代に信濃飯田に転封されたが、寛永9年（1632）に養子としていた弟安経《やすつね》が刃傷事件に巻き込まれて落命する。安元は3代将軍家光の信任が厚かった堀田《ほった》正盛《まさもり》の弟安利《やすとし》を養子に迎え、脇坂家の安泰をはかった。安利が死去すると、今度は正盛の次男安政を養子に迎えた。承応3年（1654）、安政は家督を継いで飯田《いいだ》藩主となるが、寛文12年（1672）に龍野に転封され、ここに龍野藩脇坂家の歴史がはじまる。

脇坂家は外様大名であったが、安政は譜代大名で老中も務めた下総佐倉《しもうささくら》藩主・堀田正盛の実子だった。脇坂家では譜代大名の家から養子を迎えたことを理由として、譜代大名としての格式を願い出たところ、幕府はこれを認める。

以後、脇坂家は「願譜代」の外様大名となった。江戸城での殿席も、「柳之間」から江戸開府前から1万石以上の石高を与えられた譜代大名の殿席「帝鑑之間」に移される。江戸開府前から、脇坂家は大名だったからである。

老中となった外様大名たち

「願譜代」となれば、譜代大名に限定された幕府の役職に就くことも可能となるが、脇坂家では老中にまで昇進した者を2人出している。1人目は8代目藩主の脇坂安董《やすただ》であった。

譜代大名が就ける役職には大老（1名）、老中（4～5名）、若年寄（4～5名）、京都所司代（1名）、大坂城代（1名）、寺社奉行（4～5名）、奏者番《そうじゃばん》（20～30名）などがあった。大老は譜代大名のうち主に井伊家と酒井家から選任されたが、老中あるいは若年寄ならば、どの譜代大名でも就任可能だった。

1979年に再建された龍野藩の居城・龍野城。当主の脇坂家は外様大名。譜代大名の家から養子を迎えると、譜代大名格の扱いを受けた

よって、譜代大名は老中（3万石以上）や若年寄（3万石未満）となって天下の政治を動かすことを目指すが、老中に昇進するコースは決まっていた。まずは奏者番を務めるのが習いである。

大名や旗本が将軍に城内で拝謁する際、そこには取次役や進物の披露役を将軍の面前で務める奏者番が同席する。奏者番は譜代大名のうち若手の優秀な者が選任されたが、頭脳明晰でないと務まらない役職とされていた。

この奏者番を振り出しに、譜代大名は老中への階段を上る。要するに、そこで振《ふる》いにかけられる。取次・披露役を務めさせることで、将軍としてもその能力を見定めることができた。

その後、奏者番のなかから兼任の形で幕閣のメンバーである寺社奉行が4～5名選任される。寺社奉行を務めた後は、西国大名の監視にあたる大坂城代や朝廷の監視役である京都所司代に異動した。無事務めあげると、江戸に戻って老中に起用されるのが定番の昇進コースとなっていた。飛び級の形で、寺社奉行から一足飛びに老中に就任する事例もみられた。若年寄を経て老中に昇格する事例もあった。

寛政2年（1790）に奏者番に就任した安董は、翌3年（1791）に寺社奉行を兼任する。文化10年（1813）に寺社奉行と奏者番を辞任しているが、文政12年

（1829）に再任される。そして天保7年（1836）には西丸老中格となるが、これは仙石騒動と呼ばれた但馬出石藩仙石家の騒動を収めた功績による昇格人事だった。

なお、西丸老中とは江戸城西丸御殿に住む次期将軍付の老中のことであり、この時は12代将軍となる家慶が西丸にいた。脇坂家は5万石余であり、石高ではそのまま西丸老中に任命されても不思議ではなかったが、外様大名だったことがネックとなり、即西丸老中とはいかなかった。

しかし、ワンクッションを置いた後、西丸老中格から西丸老中となり、翌8年（1837）には本丸の老中に昇進する。それだけ、能力が認められていたのである。

願譜代の外様大名で老中となったのは脇坂安董が最初だが、息子で9代目藩主の脇坂安宅《やすおり》も寺社奉行から京都所司代を経て、安政4年（1857）には老中に昇進している。

脇坂安董に続いて、願譜代の外様大名で老中となったのは8代目松代藩主の真田幸貫《ゆきつら》である。豊臣政権の時代から、真田家は初代藩主の真田信之が家康の与力大名として配下であったことから、幕府は真田家についても願譜代の格式を認めていた。江戸城の殿席も譜代大名の席である帝鑑之間だった。

天保12年（1841）に、幸貫は何の役職も経ずに老中に抜擢されるが、それは寛政改革を主導した老中首座・松平定信の次男という毛並みのよさが理由である。松平家か

幕末に老中に就任した外様大名・松前崇広

ら養子に入った人物だったのだ。寛政改革を模範に天保改革を開始した老中首座・水野忠邦としては、定信の次男を老中に迎えることで改革の追い風にしたかったのだろう。

この頃になると、願譜代ではない外様大名が老中に就任する事例が出てくる。元治元年（1864）に老中に抜擢された松前藩主の松前崇《まつまえたか》広《ひろ》は、西洋の事情にたいへん詳しかった。欧米列強の脅威を背景に幕府はその知見に期待したわけだが、幕威の低下に伴い人事の原則も崩れていたことも確認できる人事であった。

外様大名の家から旗本になった者たち

外様大名は願譜代とならない限り、幕府の役職には就けないのが原則だが、その分家で1万石未満の者ならば役職に就くことは何ら支障がなかった。外様大名は跡継ぎがいなくなる事態に備え、所領を割いて分家を設けていたが、分家と言っても大名とは限らなかった。

1万石以上の所領を割けば大名となるが、1万石未満ならば旗本であった。実は大名の分家として生まれた旗本の家は、結構多かった。

寛政改革期の江戸町奉行に、池田長恵《いけだながしげ》という旗本がいる。岡山藩池田家分家の備中生坂藩《いくさかはん》（1万4000石）池田政晴《まさはる》の四男として生まれ、同じく分家の旗本で大目付まで務めた、池田政倫《まさとも》の養子に迎えられた人物である。目付、京都町奉行、そして寛政元年（1789）に江戸町奉行と順調に出世し、実務官僚のトップとして寛政改革を支える一人となった。

江戸町奉行にまで累進した外様大名分家の旗本としては、鍋島直孝《なべしまなおたか》も挙げられる。佐賀藩主鍋島斉直《なりなお》の五男として生まれ、弟には佐賀藩主として同藩の近代化をリードした鍋島直正《なおまさ》（閑叟《かんそう》）がいた。分家の旗本鍋島家を継いだ直孝が北町奉行に任命されたのは、天保14年（1843）のことであった。

町奉行のほか、勘定奉行など奉行クラスの役職に外様大名分家の旗本が就任した事例は、枚挙に暇がないほどである。能力が備わっていれば、外様大名の流れを汲む旗本であっても役職任用で不利になることはなかったのである。

第三章　江戸城でみる格差

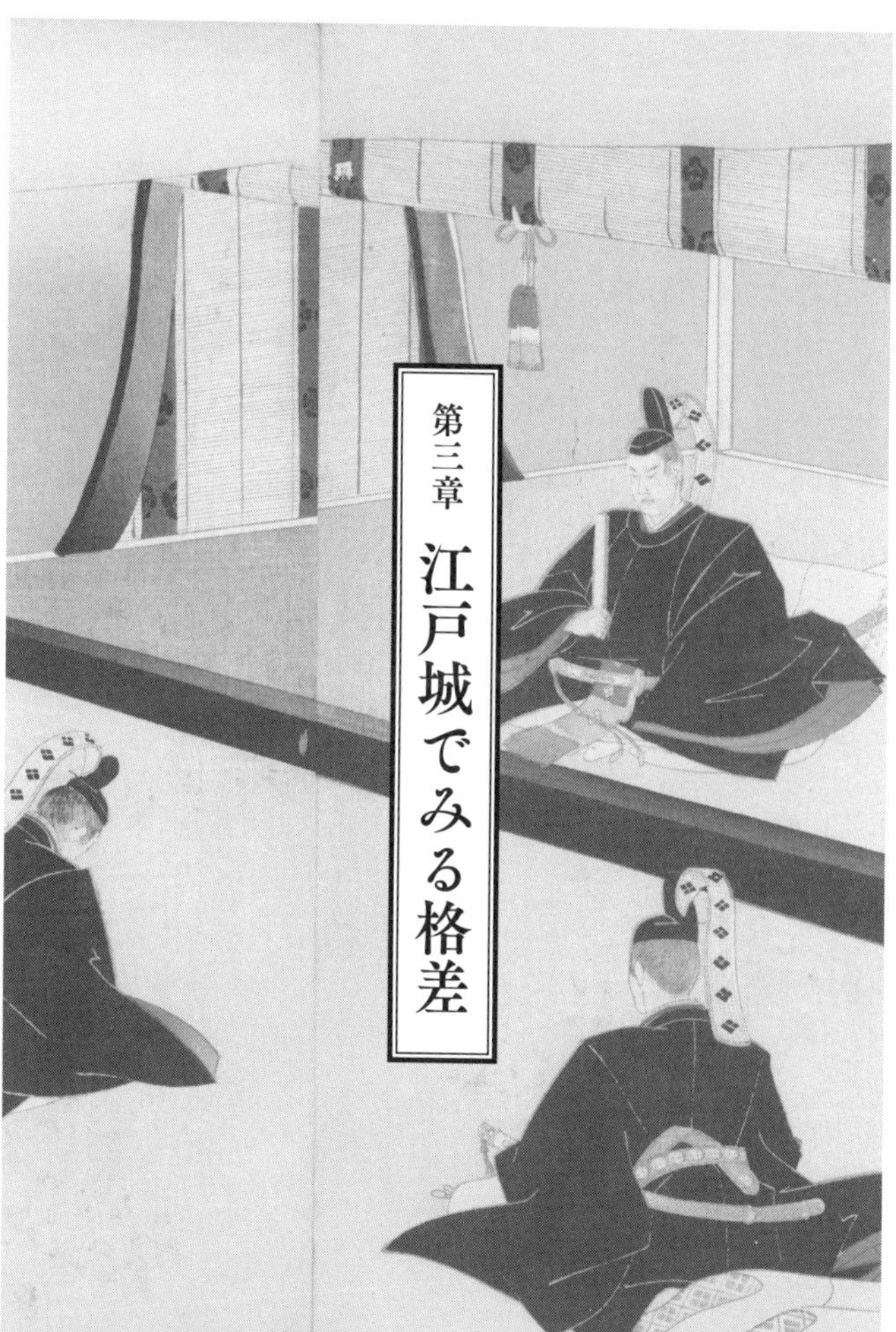

「江戸城でみる格差」の基本——日本最大の儀礼空間

幕府により格付けされた諸大名の格差（家格）が、視覚化される場があった。将軍の居城江戸城の本丸《ほんまる》御殿《ごてん》である。

諸大名は所領のある国元で、ずっと生活したわけではない。定期的に江戸に参勤することが義務付けられていた。参勤交代の制度により、大名は親藩、譜代、外様の別にかかわらず、原則として国元と江戸で1年間ずつ生活する必要があった。国元にいることは在国、江戸にいることは在府といったが、幕府の役職に就いた譜代大名は在職中、参勤交代の対象外となる。国元には戻れず、江戸での生活が続く。

諸大名は江戸在府中、幕府の役職に就いていなくても、定期的に登城して将軍に拝謁することに加え、慶事に伴う儀式に参列する義務があった。いずれも将軍主宰の行事である。

定期的な登城とは毎月定例日（1日・15日・28日～必ず月3回というわけではない）に登城することで、慶事とは年始、桃の節句などの五節句、若君誕生や将軍婚礼などを指す。平均、月に3回ほど登城した計算になるが、これは在府中の大名が幕府に対して果たすべき大事な公務だった。

参勤交代の制度のため、すべての大名が江戸に集まることはなかった。江戸開府時は200家に満たない。その後、譜代大名が数多く取り立てられ、分家（支藩）を創設する大名も少なくなかったため、江戸後期には265家前後に達した。

半数ずつ江戸と国元に振り分けられた格好だが、役職に就く譜代大名の数（40人前後）を含めれば、江戸在府の大名は約170家を数えるだろう。江戸城で儀礼が執り行われる時に170人の殿様が一堂に会したのだ。これほどの大名が集まる場所は、他にはない。

拝謁や儀式のため総登城した時、大名は一つの部屋に集められたわけではない。いくつかの部屋に分けられたが、その基準こそ幕府により格付けされた家格だった。控室も実際に拝謁する部屋も家格により厳然と区別された。

こうして、大名格差が視覚化されたが、部屋だけではない。家格により登城時の装束も決められ、その格差が一目でわかるようになっていた。将軍に拝謁する方式についても、単独（独礼）で拝謁できる大名もいれば、集団（立礼）でしか拝謁できない大名もいた。その基準も家格である。

一国一城の主というプライドを持つ大名としては、登城するたびに他の大名との格差を思い知らされる。競争心にも火が付いた。江戸城内はそんな競争心をあおる空間だった。

本章では、江戸城という儀礼空間を通して視覚化された大名格差を浮かび上がらせる。

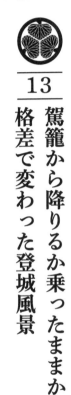

13 駕籠から降りるか乗ったままか 格差で変わった登城風景

江戸城までの遠い道のり

江戸在府中の大名は月に3回ほどのペースで登城することが義務付けられたが、一口に江戸城への登城と言っても、大名や御供の藩士たちには実にたいへんなことだった。江戸参勤ほどの規模ではないものの、それぞれ行列を組んで江戸城へと向かうが、これが物凄い混雑を引き起こしたのである。

登城日は、あらかじめ幕府の方から指定されていた。公務であるから勝手に休むことなどできない。病気などで登城できない場合は、その旨を届け出ておく必要があった。届け出もなく登城しなかったとなると、ただでは済まない。決められた日以外に登城することも、「不時登城」として固く禁じられた。

最後の広島藩主・浅野長勲《ながこと》の証言によれば、登城するため霞が関にあった上屋敷を出立する時刻は午前8時である。将軍に拝謁するのは、その2時間後の午前10時。浅野家の上屋敷は現在の霞が関にあり、江戸城と目と鼻の先の屋敷に住んでいたと言ってよいが、なぜ2時間も前に屋敷を出なければならなかったのか。

この日、登城するのは浅野家だけではなかったからである。江戸在府中の大名すべてが縦隊の行列を組み、登城門に指定された江戸城大手門などに向かった。総登城である。約170もの大名行列が、一斉に城へと向かった格好だった。

浅野家の登城行列の人数は、長勲によれば80人ほどである。浅野家は40万石を超える大名で行列の人数は多い方だが、それでも170もの登城行列となれば、総人数は1万人近くに達しただろう。登城日の朝、江戸城周辺が大名の登城行列で大混雑し、登城までかなりの時間が掛かったことは想像するにたやすい。

最後の広島藩主・浅野長勲。維新後に江戸城登城に関する証言を残している

80人近くの縦隊と言っても、実際は行列を三つぐらいに分け、間隔を置いて城へと

向かった。その長さはおよそ200〜300メートルにも達したため、各大名の登城行列の長さも混雑を増す要因となっていた。

登城行列の様子はまさしく壮観で、江戸の名物の一つだった。わざわざ見物に来る者も多く、登城日の江戸城大手門前は江戸の観光名所として賑わう。江戸っ子だけでなく、地方から江戸にやって来ていた旅行者も大勢見物に来ていたのである。

登城する大名にしてみると、物凄い混雑のなか行列を向かわせることになる。いわば江戸城への通勤ラッシュの光景が展開されただろう。

また、自分よりも格上の大名の行列に出くわすと、道を譲ることが求められた。外様の雄藩浅野家といえども、徳川御三家の行列に出会えば御三家に敬意を表し、殿様は駕《か》籠《ご》から降りて挨拶しなければならなかった。

実際のところは、格下の大名が格上の大名と出会いそうになると、遠回りなどをして出くわさないようにしている。一国一城の主たるプライドが許さなかったわけだが、その分到着までの時間がかかってしまうのは避けられなかった。

この時代、拝謁の時刻に遅れることは決して許されない。よって、時間にかなり余裕をみて、2時間前に屋敷を出発したのである。万が一遅刻すれば、幕府の懲罰が待っている。名誉と体面を重んじる武家社会において、遅参とはこれ以上ない恥辱だったはず

江戸城へ向かう大名行列（「千代田之御表　正月元日諸侯登城桔梗下馬」国会図書館所蔵）

だ。

戦場に置き換えてみればわかるだろう。一番乗りが武門の名誉とされた時代であった。時間に余裕を持って出発しているのは江戸城周辺の大混雑に巻き込まれるのを懸念したことに加え、遅参を恥辱とみなす社会意識が大きなウェートを占めた。

限られた登城門と下馬所

江戸城には多くの城門が設けられていたが、登城できる門は限られた。本丸御殿に登城する場合は大手門と内桜田門、西丸御殿に登城する場合は西丸大手門が主に使われた。

登城門が限られていたことも江戸城周辺が登城行列で大混雑し、登城までかなりの時間がかかった理由であった。

本丸御殿には将軍とその家族が居住していた。現在の首相官邸と霞が関の官庁街を兼ねた政庁空間としても機能したが、本丸御殿が焼失した際は西丸御殿が代用される。その時は、西丸大手門から登城することになっていた。

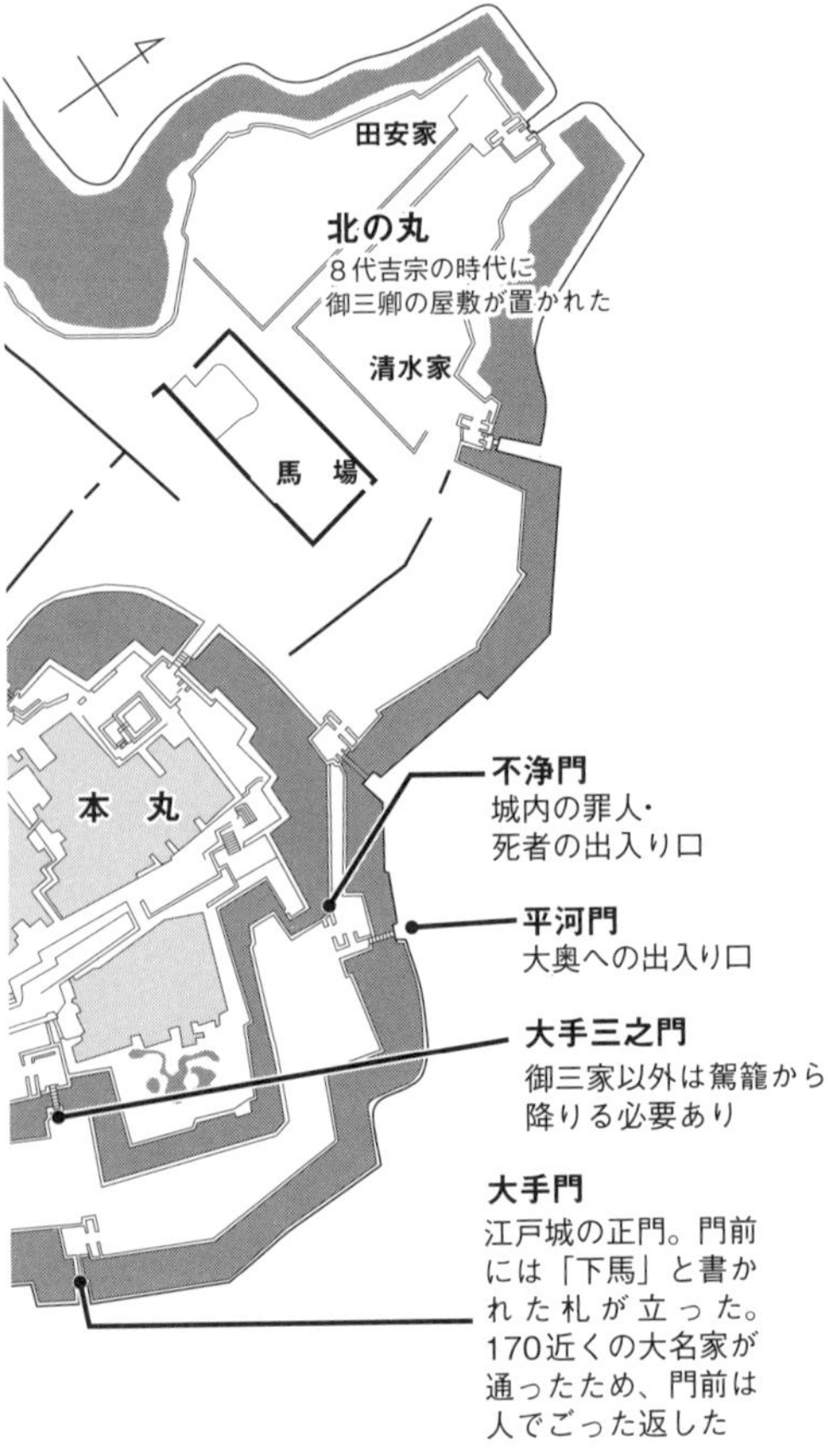
田安家
北の丸
8代吉宗の時代に
御三卿の屋敷が置かれた
清水家
馬　場
本　丸
不浄門
城内の罪人・
死者の出入り口
平河門
大奥への出入り口
大手三之門
御三家以外は駕籠から
降りる必要あり
大手門
江戸城の正門。門前には「下馬」と書かれた札が立った。170近くの大名家が通ったため、門前は人でごった返した

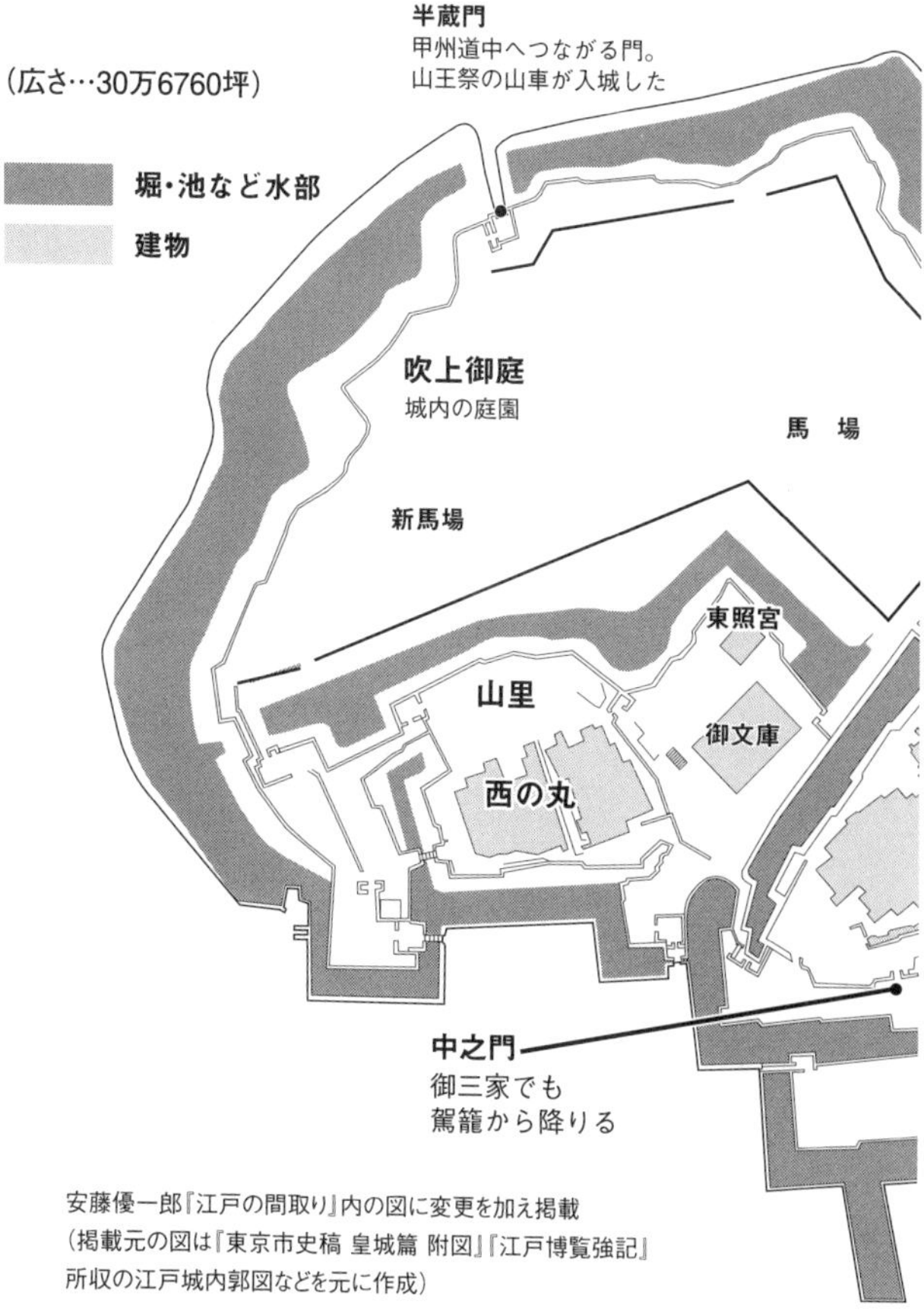

安藤優一郎『江戸の間取り』内の図に変更を加え掲載
（掲載元の図は『東京市史稿 皇城篇 附図』『江戸博覧強記』
所収の江戸城内郭図などを元に作成）

幕府から指定された登城日に、諸大名は行列を組んで大手門などに向かったが、当然ながら城内に入れる者は限られる。本丸御殿にあがれるのは大名だけだが、大手門から御殿まで、大名が一人になる経過を追ってみよう。

大手門前には堀があったため橋が架けられたが、その橋の手前に「下馬《げば》」という札が立てられていた。騎乗する者も、この場所からは馬から降りなければならないという指示である。そのため、門前は「下馬」と呼ばれたが、大手門の前は特に「大下馬《おおげば》」と称された。

いずれの城門にせよ、門を通って城内に入れる者は限られていた。大名のお供をしてきた家臣の大半は下馬で大名の下城を待ったが、その数は総計数千人にのぼっただろう。役職に就いていない大名は儀式が終われば、すぐ下城できる。お昼前ぐらいには屋敷に戻れたが、それでも家臣たちは下馬先で約2～3時間は待たねばならなかった。

当然お腹も減って、喉も渇く。夏は冷たいもの、冬は暖かいものが欲しいところだ。そんな需要に目を付け、酒や寿司、そばなどを売る屋台が数多く大手門前などにやってくるのが登城日の定番の光景となっていた。

諸大名の登城日は（大）下馬先が盛り場と化したのである。大手門前には江戸っ子や地方からの旅行者も見物に来ていたが、屋台にとってみれば彼らも大事な御客さんだった。

無聊《ぶりょう》を慰めるため、ばくちに興じる家臣もいた。長い待ち時間に苛立ったのか、言い争いもみられた。疲れてしまったのか、寝ころんでいる者もいたという証言もある（『増補 幕末百話』岩波文庫）。城内の御殿では厳粛な行事が執り行われる一方で、大手門から一歩出ると、こんな無法地帯が広がっていたのである。

石高でお供の人数が制限された

合戦という非常時は別として、平時は大手門を馬で通ることはできなかったが、「乗《じょう》輿《よ》以上」とされた者は駕籠に乗ったまま通ることが可能だった。「乗輿以上」には大名、交代寄合、高家そして500石以上の役高を持つ幕臣（旗本）などがその範疇に入る。

500石以上の役高とは、その役職を務めるのに必要な禄高のことである。町奉行、勘定奉行といった奉行クラス、将軍を守る軍団の長である大番頭《おおばんがしら》、書院番頭などの役高はゆうに1000石を超えており、大名と同じく大手門を駕籠に乗ったまま通れた。なお、役高が家禄を上回る役職に就いた場合、不足分の禄高は「足高」と称して在職中に限って支給される決まりだった。

いずれにせよ、大名ならば駕籠に乗ったまま大手門を通れたが、お供の人数は制限された。その基準が石高なのである。

従四位《じゅしい》（四品《しほん》という）の大名、10万石以上の大名、そして国持大名の嫡子は、侍6人、草履取《ぞうりとり》1人、挟箱持《はさみばこ》ち2人、六尺《ろくしゃく》4人の合わせて13人。1万から10万の大名は侍4〜5人、草履取1人、挟箱持ち1人、六尺4人の合わせて10〜11人をお供させることができた。10万石以上か以下で差が付けられたが、雨天の時は石高に関係なく傘持ちも1人連れていけることになっていた。

この基準によると、国持大名の跡継ぎも10万石以下の大名より随行できる人数が多かった。国持大名の格式の高さが改めて確認できる。

大名に同行する侍には行列の責任者である供頭、そして太刀持ちを務める刀番が含まれた。草履取は駕籠から降りた時に履く草履を持たせ、御殿に上がる時は草履を預からせた奉公人のこと。挟箱持ちは大名の着替えの着衣や携帯品などを収納した挟箱を持つ奉公人。六尺とは大名の駕籠かきだが、大名の駕籠は4人で担いでいたことがわかる。

城門は高麗門《こうらいもん》と渡櫓門《わたりやぐらもん》の二つから構成される（枡形門《ますがたもん》という）のが通例であった。まっすぐに進めないようにすることで防御力を高める工夫が施されたが、この門で随行の人数もチェックされた。

どの大名も駕籠に乗ったまま大手門は通れたが、150メートルほど先にある大手三之門はそうはいかない。三之門の前には堀が走っており、橋（下乗橋《げじょうばし》という）が架けられていた。大名は下乗橋の前で駕籠から降りて草履を履き、橋から先は徒歩で進んだ。

三之門を駕籠のまま潜《くぐ》れるのは、徳川御三家と日光東照宮のトップである輪王寺宮《りんのうじのみや》だけである。御三家との格差を大名に認識させる門だった。

下乗橋の近くには、同心番所が置かれた。下乗橋を渡って三之門を通れる人数がチェックされたが、その基準は大手門の場合と同じく10万石以上か以下であった。

従四位・10万石以上の大名、国持大名の嫡子は侍3人、草履取1人、挟箱持ち1人の合わせて5人を随行できた。駕籠に乗ったまま通過することが許された御三家の場合は、こ

◉下馬から玄関までのお供の人数

	地位	お供の人数
下馬から下乗橋まで	従四位（四品）、10万石以上、国持大名の嫡子	侍6、草履取り1、挟箱持ち2、六尺4 ※六尺＝駕籠を担ぐ人足
	1万石以上	侍4～5、草履取り1、挟箱持ち1、六尺4
下乗橋から玄関まで	従四位、10万石以上、国持大名の嫡子	侍3、草履取り1、挟箱持ち1 ※挟箱は中之門の外に
	1万石以上、嫡子とも	侍2、草履取り1、挟箱持ち1 ※挟箱は中之門の外に
	諸番頭、諸物頭、布衣以上の役人、中奥小姓、3000石以上の寄合	侍2、草履取り1、挟箱持ち1 ※挟箱は中之門の外に
	3000石未満の寄合、布衣以下の役人、中奥番、番衆	侍1、草履取り1、挟箱持ち1 ※寄合は挟箱を中之門の外に
	医師	侍1、草履取り1、挟箱持ち1、薬箱持1

（深井雅海『図解 江戸城をよむ』（原書房）所収図を元に作成）

れに六尺４人がプラスされる。１万石から10万の大名は侍２人、草履取１人、挟箱持ち１人の合わせて４人を随行できた。

三之門を通ると、今度は百人番所が現れる。甲賀組、根来組、伊賀組、廿五騎組《にじゅうごき》の４組が交代で詰めていた。各組の同心の数は１００人ずつであったため、この４組が詰める番所は百人番所と呼ばれた。

百人番所を過ぎると中之門が現れるが、その前に大番所があった。それまで駕籠のまま進めた御三家や日光輪王寺宮も、中之門の前（大番所）では駕籠から降り、徒歩で御殿に向かわなければならなかった。中之門を通る前には、どの大名も挟箱持ちを置いておくことになっていた。

老中であっても大刀の城内持ち込みは禁止

侍と草履取（雨天の時は傘持ちもお供）を連れて中之門を通ると、中雀門《ちゅうじゃくもん》が現れる。この門を通ると、いよいよ本丸御殿だ。玄関から先は一人で行動することになるが、その前に大刀は置いておく定めであった。

御殿内に大刀を持って入れるのは城内警備の武士のほか、御三家や大老、城内の監察にあたる旗本役の目付に限られたという。老中であっても、大刀を持ったままでは御殿にあがれなかった。

大名は御殿にあがる前に、腰に差した両刀のうち大刀を抜き、供侍の一人に預けた。刀番である。草履は草履取に預けた。大名が戻ってくるまで、刀番も草履取も玄関の外で待つことになる。

ただし、親藩大名の場合は刀番が玄関の式台《しきだい》まで入れた。御三家は城内の大広間の溜《たまり》まで大刀が持ち込めた。

拝謁などの儀式が終わると、そのままUターンする形で下城し、屋敷に戻った。月に二〜三回ぐらいの割合で、諸大名はこうした行程を経て登城し、将軍に拝謁あるいは儀式に参列というサイクルを繰り返した。そこでは、駕籠に乗ったまま門を通れるか否か、随行者の人数制限などという形で格差が視覚化されていたのである。

14 控えの部屋までランク分け 大名たちの厳しい行動範囲

将軍さえも制限された本丸御殿の行動範囲

本丸御殿にあがった大名は家格に応じて定められた控えの間に入り、拝謁や儀式の時を待つことになっていた。所定の時刻が近づくと、別に定められた席へ移動する。殿中で指定された控えの間は「殿席《でんせき》」と呼ばれた。その部屋は将軍に近い立場の大名ほど、将軍が日常生活を送る「中奥《なかおく》」という空間に近かった。

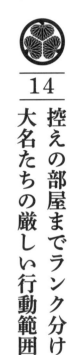

江戸城本丸御殿の内部構造を整理しておこう。

弘化2年（1845）に再建された時の数字によると、建坪は1万1373坪である。表《おもて》・中奥・大奥の三つの空間から構成され、表は幕府の役人が勤務する政庁空間であっ

◉江戸城・表〈将軍の応接間〉の間取り図（1844）

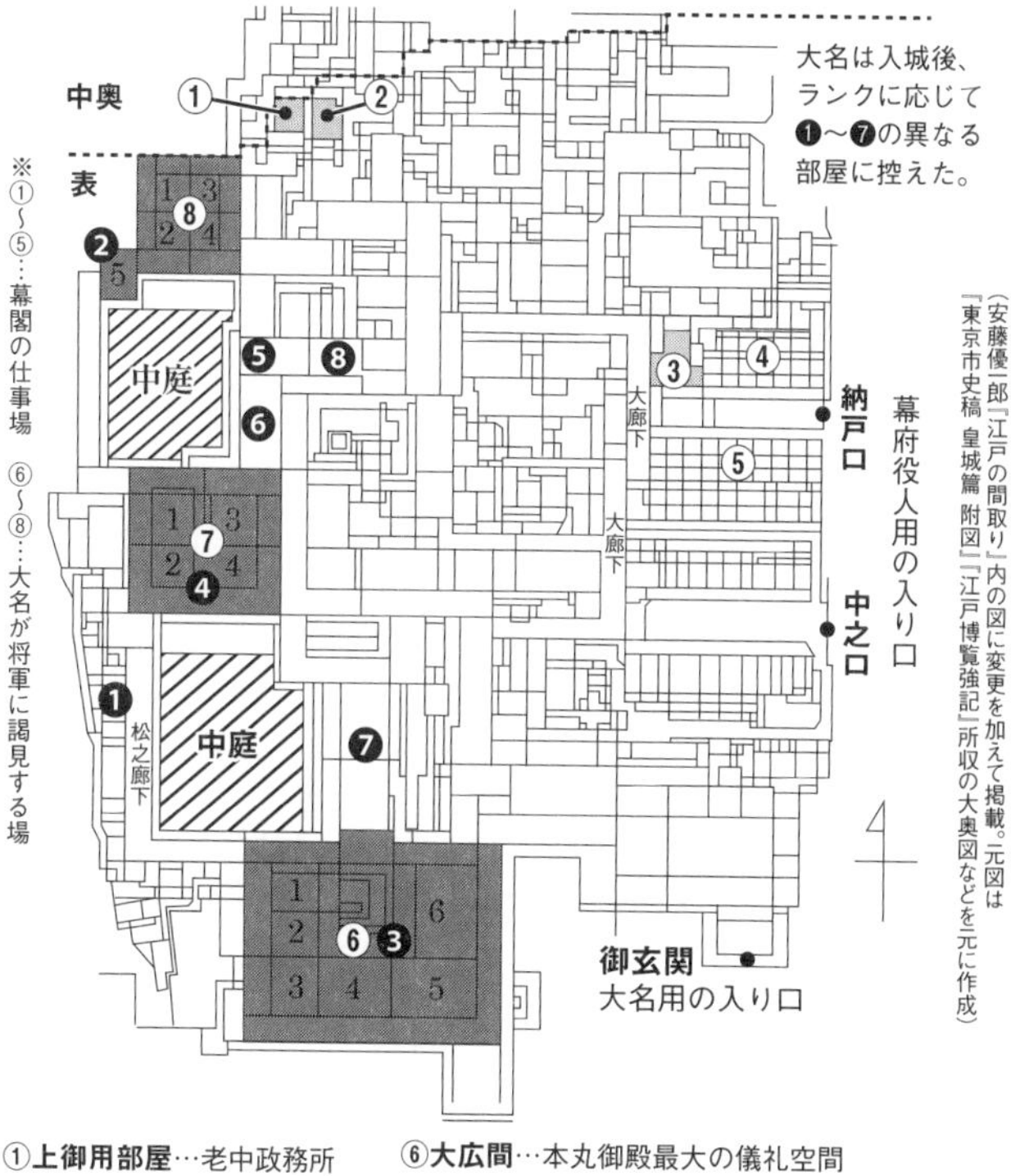

大名は入城後、ランクに応じて❶～❼の異なる部屋に控えた。

幕府役人用の入り口
大名用の入り口
※①～⑤…幕閣の仕事場　⑥～⑧…大名が将軍に謁見する場
（安藤優一郎『江戸の間取り』内の図に変更を加えて掲載。元図は『東京市史稿 皇城篇 附図』『江戸博覧強記』所収の大奥図などを元に作成）

①**上御用部屋**…老中政務所
②**次御用部屋**…若年寄政務所
③**上勘定所**…勘定奉行政務所
④**老中下部屋**…老中控室
⑤**若年寄下部屋**…若年寄控室

⑥**大広間**…本丸御殿最大の儀礼空間
1. 御上段、2. 御中段、3. 御下段
4. 二之間、5. 三之間、6. 四之間
⑦**白書院**…御殿２番目の大きさの儀礼空間
1. 御上段、2. 御下段、3. 連歌之間、4. 帝鑑之間
⑧**黒書院**…御殿３番目の大きさの儀礼空間
1. 御上段、2. 御下段、3. 囲炉裏之間
4. 西湖之間、5. 溜之間

た。諸大名が参列する将軍主宰の儀式が執行される空間でもあった。中奥は将軍が日常生活を送る空間で、表が将軍の応接間とすれば居間にあたる。将軍やその妻子、大勢の奥女中が住む大奥は将軍の寝所となるだろう。

表では、幕府の役職に就いている大名や旗本・御家人が各自の持ち場で日々の職務にあたった。老中や若年寄は御用部屋《ごようべや》で政務を執ったが、下部屋《したべや》という控室も与えられており、下部屋から御用部屋に集まった。勘定奉行など旗本が務める奉行クラスの役人にも、下部屋は与えられていた。

普段は中奥にいた将軍が表に出てくるのは、将軍主宰の儀式が執行される時だけである。大広間、白書院《しろしょいん》、黒書院《くろしょいん》などの大部屋が会場にあてられたが、儀式が済むと将軍は中奥に戻ってしまう。役職に就いていない大名はそのまま下城した。

将軍の生活空間である中奥は表とは異なり、閉じられた空間だった。将軍の許可がなければ、老中でさえ入ることはできない。中奥に入れたのは、将軍の側近である側用人《そばようにん》などの御側衆《おそばしゅう》、将軍の警護にあたる御小姓衆《おこしょうしゅう》、身の回りの世話をする御小納戸《おこなんど》衆だけである。老中が政務について上申する場合も、中奥に出入りできる御側衆をして案件を取り次がせるのが習いだった。

御側衆からその説明を受けると、将軍は何らかの指示を与えることになるが、直接老中に伝えたのではない。将軍の意を受けた御側衆を表に遣わした。老中が詰める御用部屋に赴かせ、伝言させる形が取られた。御側衆が表と中奥を行ったり来たりしていた。

そのため、柳沢吉保《やなぎさわよしやす》や田沼意次に象徴されるように、本来は将軍と老中をトップとする幕府官僚団との取次役に過ぎなかった御側衆に、権力が移行する事態まで起きる。将軍は表よりも中奥で過ごす時間の方がはるかに長かったため、将軍と身近に接することができる中奥勤務の者が権力を持つようになったわけである。

老中をはじめ大半の役人の行動範囲は表にとどまったが、逆に将軍の行動範囲は中奥や大奥にほぼ限られたのだ。

女性の園として知られる大奥の建坪は6318坪にも及び、本丸御殿の半分以上が大奥で占められた格好だった。将軍の正室・御台所や側室のほか、将軍の子どもたち、住み込みで勤務する奥女中たちの生活の場であり、職場でもあった。彼女たちにとり、大奥は職住一致の空間であった。

控えの部屋に表れた身分格差

大名の殿席には、譜代大名の席である溜之間《たまりのま》、帝鑑之間《ていかん》、雁之間《がん》、菊之間《きく》縁頬《えんがわ》と、親藩・外様大名の席である大廊下《おおろうか》、大広間《おおひろま》、柳之間《やなぎ》の合わせて七つがあった。天保6年（1835）の数字によると、溜之間（9家）、帝鑑之間（63家）、雁之間（43家）、菊之間縁頰（33家）と、親藩・外様大名の席である大廊下（10家）、大広間（29家）、柳之間（79家）だが、将軍の居間たる中奥に最も近かったのは、黒書院内の溜之間だった。

溜之間は臣下に与えられた最高の座席とされ、彦根藩井伊家・会津藩松平家・高松藩松平家の3家が代々溜之間詰（常溜《じょうだまり》という）の家であった。この3家のほか、歴代のうちに溜之間詰への昇格が可能とされた家（飛溜《とびだまり》という）もあった。姫路藩酒井家、松山藩松平家、忍《おし》藩松平家などである。

常溜の家とは違って、溜之間詰を常に保証されていなかったが、飛溜の家格として昇格は可能だった。あるいは、一代限りという条件で溜之間が殿席となった大名もいた。常溜や飛溜にせよ、一代限りにせよ、溜之間詰の大名は会津藩・高松藩を除けば、有力譜代大名で占められた。

溜之間が殿席の大名は、幕府の最高顧問として将軍からの諮問に答えるほか、老中に意見することもできた。儀式以外の日にも定期的に登城して溜之間に詰め、隠然とした政治力を発揮した。将軍の特命のもと、溜之間詰の大名を代表する形で老中よりも上席の大老に何度となく就いたのが、常溜の井伊家だった。

◉殿席《でんせき》（登城した大名が控えた部屋） 場所は123ページ図を参照

ランク高 ↑ ランク低

❶大廊下 おおろうか…徳川御三家や将軍家ゆかりの外様大名
❷溜之間 たまりのま …井伊家など有力譜代大名。**臣下最高の部屋**
❸大広間 おおひろま …従四位以上の親藩大名や外様大名
❹帝鑑之間 ていかんのま …江戸時代以前から徳川家に仕えた譜代大名
❺雁之間 がんのま …江戸時代以降に徳川家に仕えた城持ちの譜代大名
❻菊之間 きくのま …江戸時代以降に徳川家に仕えた城なし譜代大名
❼柳之間 やなぎのま …大広間に殿席を与えられなかった外様大名

※❽芙蓉之間 ふようのま …町奉行や勘定奉行などの幕臣が割り当てられた

そのため、他の殿席から溜之間への昇格を望む譜代大名は、少なくなかった。寛政改革を主導した白河藩主・松平定信は御三卿である田安家からの養子だが、その裏には帝鑑之間から溜之間に昇格したい前藩主・松平定邦《さだくに》の悲願があった。将軍候補者も出せる田安家から養子を迎えることで白河藩に箔を付け、その勢いで昇格を目指す。

養父定邦の悲願が叶う形で、白河藩松平家は定信一代限りという条件で溜之間に昇格した。それは定信にとり、幕政進出への第一歩となる。老中退任後は、在任中の働きを慰労される形で飛溜の家格に昇格する。

その次に中奥に近かったのが雁之間で、菊之間縁頬がこれに続いた。雁之間と菊之間縁頬は、江戸時代に入ってから大名に取り立てられた譜代大名の殿席である。城持ならば雁之間、城を持たなければ菊之間縁頰が殿席に指定された。

雁之間詰の大名は「詰衆《つめしゅう》」、菊之間縁頰の大名は「詰衆並《なみ》」と称された。役職に就いていなくても、江戸在府中は交代で登城して殿席に詰めたり、将軍が歴代将軍の墓所を参詣する時はお供を務めた。これを指して詰衆（並）と呼んだのである。

帝鑑之間は、徳川四天王の家をはじめ、江戸開府前から1万石以上の石高を与えられた譜代大名の殿席である。家格では帝鑑之間詰よりも高かったが、前章で述べたとおり、老中に任命されるのは雁之間詰の方が雁之間詰大名の方が多かった。それだけ将軍の信任が厚かったわけだが、雁之間の方が帝鑑之間よりも中奥に近い位置にあったことは、将軍からの信任の差を暗示していた。

控えの部屋が将軍に近い者ほど幕政に深く関与

大名の家格からいうと、七つの殿席のうち最も格式が高かったのは大廊下だが、中奥との距離は帝鑑之間の次に遠かった。松之大廊下沿いの部屋だったが、「上之部屋」と「下之部屋」に分かれていた。

大廊下は、将軍家ゆかりの大名に与えられた特別待遇の席である。上之部屋は御三家

◉簡略化した殿席の位置

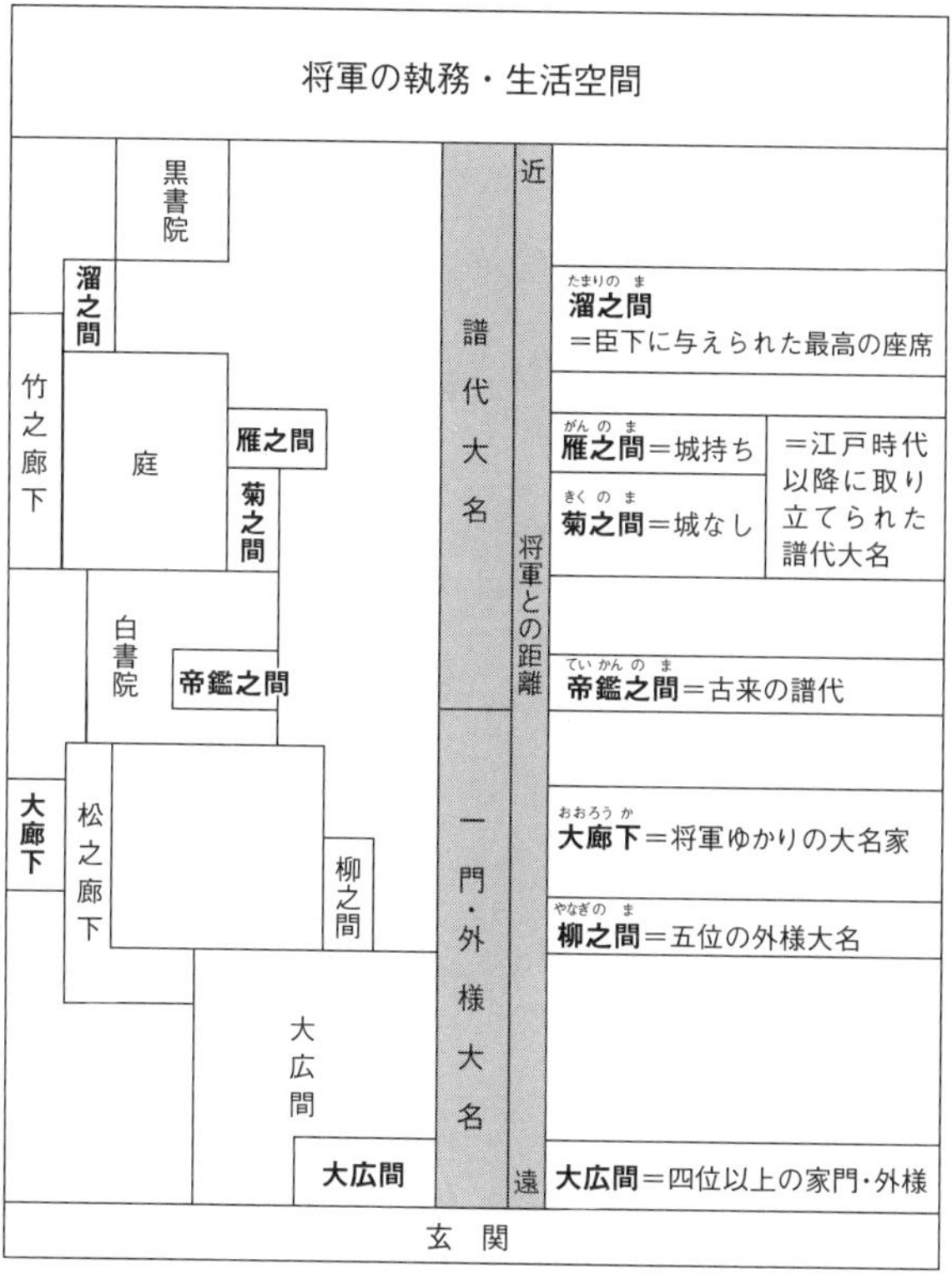

深井雅海『江戸城――本丸御殿と幕府政治』（中公新書）所収図を元に作成

子沢山で知られた11代将軍家斉。娘を大名家に輿入れさせたことで、江戸城内における外様大名の立場が変化した（「徳川家斉画像（模写）」東京大学史料編纂所所蔵）

のみで、下之部屋は主に将軍と親類関係にあった大名の殿席とされた。

江戸開府当時、前田家は2代将軍秀忠の娘珠姫《たまひめ》を藩主・前田利常《としつね》の正室に迎えたため、早くから徳川一門に準じる待遇を受けていた。そのため、前田家は大廊下を殿席に指定されたが、他の外様大名や親藩大名でも将軍の娘を正室に迎えると、将軍家ゆかりの大名として大廊下の下之部屋に殿席が移るのが通例だった。

子沢山で知られた将軍家斉の時代は、それゆえ大名家に輿入れさせなければならなかった娘も多く、大廊下下之部屋を殿席とする大名の数も増えている。浅姫《あさひめ》が輿入れした親藩の福井藩主・松平斉承《なりつぐ》、盛姫《もりひめ》が輿入れした外様の佐賀藩主・鍋島斉正《なりまさ》（直正《なおまさ》）、和姫《かずひめ》が輿入れした外様の長州藩主・毛利斉広《なりとお》たちである。

大廊下よりも中奥から遠かったのは柳之間である。位階が従五位で10万石未満の外様大名が殿席として指定された。

七つの殿席のうち、最も中奥から遠かったのは大広間である。大広間内の二之間と三之間が控の間にあてられた。

大広間は、従四位の位階を持った親藩大名（御三家を除く）や外様大名の殿席だった。親藩大名では幕府との関係が微妙だった越前家一門、御三家の分家。外様大名では10万石を超える国持大名などが大広間を殿席に指定された。

このように、幕政に参加させた譜代大名には中奥に近い部屋を殿席に指定したのに対し、幕政には関与させなかった親藩・外様大名は、中奥から遠い部屋を殿席に指定した。幕府の政治的思惑が殿席の場所から透けてくる。さらに同じ譜代大名でも、中奥に近い部屋を殿席に指定された大名の方が幕政に深く関与していたことも窺えるのである。

15 将軍に会うため部屋を移動 格差を視覚化した江戸城の儀礼

三つの儀礼空間で主従関係を確認

各殿席に控えていた諸大名は儀式の刻限が近づくと、所定の会場に向かった。これを礼席《れいせき》と呼んだが、儀式の内容により礼席は異なっていた。

将軍主宰の定例の儀式としては、年始、五節句、八朔《はっさく》、月次御礼《つきなみおんれい》などが挙げられる。

年始の儀式は元旦から3日にわたって執り行われた。元旦は御三家や親藩・譜代大名。2日は御三家の嫡子や国持大名クラスの有力外様大名。3日はそれ以外の大名が登城して年始のお祝いを申し述べた。武士の象徴である太刀と馬を将軍に各自献上したが、太刀は本物の太刀ではなく、飾り太刀と呼ばれた模造品だった。馬も本物の馬ではなく、

◉将軍主催の主な定例儀式

儀式名		時　期（旧暦）	由　来
年　始		1月1～3日	新年のお祝い。格差に応じて登城日決定
八《はっ》　朔《さく》		8月1日	家康が江戸城に入城したとされた日
五節句	人《じん》　日《じつ》	1月7日	徳川家の祝日として重んじられた日。諸大名は登城して将軍にお祝いを申し述べることが義務付けられた
	上《じょう》　巳《し》	3月3日	
	端《たん》　午《ご》	5月5日	
	七《たな》　夕《ばた》	7月7日	
	重《ちょう》　陽《よう》	9月9日	
月《つき》　次《なみ》		月2～3回	定例の登城

馬代《ばだい》として金子《きんす》が献上された。

五節句とは、人日《じんじつ》の節句（1月7日）、上巳《じょうし》の節句（3月3日）、端午《たんご》の節句（5月5日）、七夕の節句（7月7日）、重陽《ちょうよう》の節句（9月9日）の五つの節句である。現在では端午の節句のみが子どもの日として祝日だが、江戸時代はこの五節句が徳川家の祝日として重んじられた。そのため、諸大名は登城して将軍にお祝いを申し述べることが義務付けられていた。

五節句以上に重じられた行事に八朔がある。もともとは田の実の節句と呼ばれた農村の行事で、その年の稲の実りを祝い新穀の贈答を行うものだった。鎌倉時代からは、田の実（頼み）が「君臣相たのむ」に相通じるとして太刀や馬の贈答を君臣の間で行う日となったが、徳川家はこの日を非常に重要視していた。

家康が関東の新しい領主として江戸城に入城したのが、天正18年（1590）の八朔つまり8月1日だったからだ。そのため、八朔は徳川家の記念日として位置付けられ、この日に諸大名は夏服とも言うべき白帷子《しろかたびら》姿で登城し、太刀を献上するのが決まりだった。

月次御礼は、定例となっていた毎月2～3回の登城のことである。

将軍に拝謁する刻限が近づくと、七つの殿席から各々の礼席に移動するが、主に三つに分けられていた。大広間、白書院、黒書院である。

大広間は、玄関の近くにあった本丸御殿最大の空間であった。御上段（24～28畳）、御中段（28～32畳）、御下段（36～39畳）、二之間（54～63畳）、三之間（60～67畳）、四之間（82～88畳）から構成された。縁頬《えんがわ》（入側《いりがわ》ともいう）を含めると、広さは約500畳にも達した。

白書院は松の大廊下の近くにあった部屋であり、大広間より中奥に近かった。御上段（28畳）、御下段（24～28畳）、連歌之間（28～30畳）、帝鑑之間（26～38畳）から構成された。縁頬を含めると広さは約300畳だった。

黒書院は白書院よりも中奥に近い部屋であり、御上段（18畳）、御下段（18畳）、囲炉裏之間（15畳）、西湖之間（15畳）、そして溜之間（24畳）から構成された。縁頬も含め

◉主な儀式ごとの大名の礼席表

大名の殿席	礼席			
	年始	八朔	五節句	月次
大廊下	白書院	白書院	白書院	黒書院
溜之間	白書院	白書院	白書院	黒書院
大広間	大広間	大広間	大広間	白書院
帝鑑之間	大広間	大広間	大広間	白書院
柳之間	大広間	大広間	大広間	白書院
雁之間	大広間	帝鑑之間	帝鑑之間	西湖之間東縁頬
菊之間	大広間		帝鑑之間	入御之節雁間

（竹内誠編『徳川幕府事典』（東京堂出版）所収図を元に作成）

ると広さは約190畳であった。

儀式ごとに変更された礼席

まず、江戸城最大の儀式である年始からみていこう。

年始の儀式では、白書院と大広間が礼席に指定された。大廊下や溜之間を殿席とする大名は白書院、それ以外の大名は大広間に振り分けられた。大名の大半は大広間で将軍に年始の挨拶を申し述べたのである。

大広間よりも白書院の方が中奥に近いため、白書院組の方が厚遇ということになる。殿席でみると大廊下詰の大名は溜之間詰の大名よりも中奥から遠ざけられていたが、儀式の時は厚遇されたことがわかる。将軍の親族であるため、さすがに気を遣ったのだろう。大広間詰の大名は殿席がそのまま礼席となった格好だった。

五節句と八朔の儀式では、白書院、大広間、帝鑑之間の三つの部屋が礼席として割り当てられた。年始と同じく、大廊下や溜之間を殿席とする大名は白書院が礼席で、大広間・帝鑑之間・柳之間の大名は大広間が礼席だったが、雁之間と菊之間の大名は帝鑑之間に変更されている。

帝鑑之間は白書院内の部屋であるため、雁之間と菊之間の大名は大広間組から白書院組に編入されたことになる。新規取り立ての譜代大名は江戸開府前からの譜代大名よりも厚遇されていたことが、礼席でも確認できる。

月次御礼と称された定例の拝謁日の場合、大廊下や溜之間を殿席とする大名は黒書院、大広間・帝鑑之間・柳之間の大名は白書院が礼席とされた。黒書院の方が白書院よりも中奥に近かったため、この場合も大廊下や溜之間の大名の方が厚遇されていた。

帝鑑之間が割り当てられた雁之間と菊之間の大名は、前者が黒書院内の西湖之間。後者が雁之間を礼席として指定された。いずれの部屋も白書院より中奥に近く、新規取り立て譜代大名の厚遇ぶりも再確認できる。

将軍主宰の儀式に参列したのは大名だけではない。将軍への御目見得つまり拝謁の資格を持つ旗本のうち役職に就いていた者も、参列が義務付けられた。よって、礼席も指定されたが、儀式の内容によりその都度異なったのは大名の場合と同じである。

官位の上昇を目指した狙い

このように、将軍に拝謁あるいは儀式に参列する時の礼席は、殿席により自動的に決まる仕組みであった。江戸城本丸御殿という、全国の大名が集まる晴れの舞台で視覚化された格差とは、殿席次第だったことがわかる。殿席には先に述べたような基準が設けられていたが、固定したものではなかった。殿席の決定権を持つ幕府のさじ加減次第という面もあった。

そのため、白河藩松平家が帝鑑之間から溜之間への昇格を目指したように、幕府に激しく運動することになる。その裏では莫大な金品が動いた。

ただし、同じ殿席・礼席の大名のなかでも筆頭から末座までの格差があった。できるだけ前の列に着座し、同じ列でも左の方に着座したかったが、その基準となっていたのが官位だ。官位で上下を付けることで席順を決め、当事者の大名をしてその格差を納得させたのである。

官位は朝廷から授与される官職と位階のことだが、江戸時代に入ると大名や旗本に与える官位は幕府の方で決められるようになっていた。その家の最高位である極位極官も幕府が決めた。

よって、家格をアップさせたい大名は官位の上昇を強く望む。決定権を持っていた幕府の実力者に工作を試みる。殿席の昇格運動の時と同じく、その裏では莫大な金品が動いていたのである。

16 江戸がもっとも慌ただしくなる 江戸城の正月にみる格差

城内最大の行事に大名たちが大集合

将軍主宰の定例の儀式のうち、元旦から3日にかけて執り行われた年始の儀式は年間を通して城内最大の行事だった。大名に加えて旗本も登城して年賀の挨拶を申し述べ、飾り太刀と馬代（金子《きんす》）が献上されたが、その折将軍からは盃を賜っている。

年頭にあたり固めの盃を交わすことで、主従関係を互いに確認し合う意図が込められていたが、そこで大名の格差が露わになる。

大名と固めの盃を交わす前に、将軍は家族と盃事《さかずきごと》を執り行っている。最初の盃事の場は大奥で、相手は御台所《みだいどころ》だった。

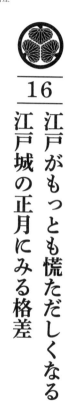

元旦の朝、将軍は御台所とともに歴代将軍の位牌《いはい》を礼拝した後、大奥で新年の宴を催す。白木《しらき》の三方《さんぼう》には餅が積み上げられ、その周りにはお正月らしく縁起の良い松や勝栗《かちぐり》などが飾られた。紙に包んだ昆布2枚も添えられたが、昆布には水引《みずひき》がかけられていた。

元旦ということで五の膳《ぜん》まで用意されたが、食事に入る前に御年寄《おとしより》のお酌でお屠蘇《とそ》を飲むのがしきたりだった。御年寄（4～5人）は大奥を取り仕切る奥女中で、老中でさえもその威光を恐れた実力者である。大奥のスキャンダルとして知られる絵島《えじま》（江島）生島《いくしま》事件で有名な絵島は御年寄であった。

その場には御中臈《おちゅうろう》という名の奥女中もいた。将軍や御台所の身辺を世話する奥女中だが、将軍付の中臈と御台所付の御中臈がいた。将軍付の御中臈から側室が出ることになっており、将軍のお手が付いた奥女中は御中臈に昇進する決まりだった。御中臈の役目は御年寄がお酌するのを補佐することである。将軍と御台所が座る座敷にいるのは御酌役の御年寄と御中臈だけだったが、次の間には配膳役の奥女中が控えていた。

大奥での盃事は次のとおりである。

まず、お屠蘇が三献。次に白散《びゃくさん》が三献ずつ、将軍と御台所の盃に注がれる。白散はお屠蘇の一種であり、山椒・肉桂《にっけい》・桔梗《ききょう》などを刻んで酒に混ぜたもの。その後、雑煮を三椀食して新年の宴は終わる。盃盤などが下げられて膳部《ぜんぶ》が運ばれ、朝の食事となる（永

島今四郎・太田贇雄『定本江戸城大奥』人物往来社）。

中奥における世継ぎ・御三卿との盃事

大奥で御台所と年始の儀式を済ませた後、将軍は中奥に向かう。中奥で執り行われる年始の儀式に出るためであった。

中奥では、自分の世継ぎや御三卿と盃を交わしている。

11代将軍家斉の時の記録（天保5年〈1834〉）によると、午前9時に直衣《のうし》姿の家斉が「御座の間」の上段に姿を現す。息子で次期将軍の家慶は、直垂《ひたたれ》姿でその下段に着座していた。ここに中奥での年始の儀式がはじまる。

まず、家慶から家斉に飾り太刀と、太刀を献上すると書き記された目録が献上される。家慶から太刀目録が献上されると、介添え役を務める老中がその旨を将軍に披露した上で、刀と目録を将軍の前から下げる。この後、家斉と家慶は盃を交わす。中奥での御酌役は将軍の側近衆が務めたのだろう。

次に、飾り太刀と目録を献上するのは御三卿である。世継ぎの次に将軍に拝謁していることからも、将軍との距離の近さがよくわかる。同じく徳川姓を名乗る御三家よりも、将軍に近いのだ。家斉自身、一橋家から将軍の座に就いた将軍であった。

同じく太刀目録を献上し、年頭のお祝いを申し述べた後、御三卿の三人も家斉と盃を交わす。介添え役は老中ではなく、一ランク下の若年寄だった。

その際に賜ったのは御酒と盃だけではない。呉服も拝領している。献上された太刀への返礼なのだろう。

中奥での年始の儀式が終わると、将軍は表にお出ましとなる。諸大名との年始の儀式に臨むのである。

大大名は将軍と一対一で飲むことが可能

中奥から表に出てきた家斉は、御三家や御三卿に次ぐ格を誇る前田家、将軍の娘を正室に迎えた大名（親藩大名の津山藩松平家と外様大名の鳥取藩池田家）から年始の挨拶を受ける。会場は松之廊下近くの白書院だった。

白書院の上段には家斉のほか、中奥で家斉に年始の挨拶を済ませた世継ぎの家慶も着座した。下段には年始の挨拶を申し述べる大名のほか、老中、若年寄、飾り太刀や目録の披露にあたる介添え役の奏者番、そして高家が控えた。奏者番は老中や若年寄よりも

将軍に平伏する従五位以下の大名たち（『徳川盛世録』都立図書館所蔵）

かなり下の役職であったため、御三卿と御三家などとの格差が介添え役の違いで浮き彫りにされた格好である。

高家は、将軍との間で執り行われる盃事で御酌役や御加役を務めた。陰の主役と言ってもよい。御酌役は将軍と大名双方にお酌する役だが、御加役とはお銚子に酒を継ぎ足す役である。将軍に御酌すればお銚子の酒の量は減る以上、継ぎ足す役も必要であるため、２人の高家がそれぞれ御酌役や御加役を務めた。

将軍の前には土器が置かれた。将軍が飲み残した酒を入れる土器である。

盃のやり取りで主従関係を確認し合う以上、将軍も大名も一献《いっこん》は飲まなければならない。こうした盃のやり取りは献酬《けんしゅう》と呼ばれた。

となれば、将軍は年始の挨拶にやって来る大名の数の分だけ酒を飲まなければならないことになる。とても、一々飲み干せないため、飲んだふりをして手元の土器に空けてしまうのだ。

御三家や前田家などが将軍との盃事を終えて退出すると、今度は従四位以上の位階を持つ親藩・譜代大名の番となる。つまり、年始の儀式で白書院を礼席に指定された大廊下と溜之間の大名は従四位以上の位階を持っていた。ちなみに、御三家は従二位《じゅにい》か従三位《じゅさんみ》で前田家は正四位《しょうしい》だった。

引き続き、将軍と大名の盃事は一対一で執り行われた。

当時は大名が将軍に拝謁する際、従四位以上の官位を持っていれば単独で拝謁できた。これを「独礼《どくれい》」と称した。一方、従五位の大名の場合は単独では拝謁が許されず、集団という形でしか拝謁できなかった。これを「立礼《りつれい》」と称した。

官位により「独礼」と「立礼」の線引きがされていた。従四位以上の大名は単独で拝謁できるだけでなく、一対一で盃を将軍と交わすことも可能であった。

白書院でも大名たちは盃を賜った後に呉服を拝領したが、盃を賜る場所、拝領する呉服を置く呉服台の場所は微妙に差が付けられていた。従二位大納言あるいは従三位中納言の御三家は上から2畳目で盃を賜り、呉服台は3畳目から4畳目に置かれたが、正四位参議（宰相）の前田家は上から3畳目で盃を賜り、呉服台は4畳目から5畳目に置か

江戸城での盃事を描いた錦絵（楊洲周延「千代田之御表」国会図書館所蔵）

れた。

位階は同じでも官職により違いがあった。前田家が任命された正四位参議よりも下に格付けされた正四位近衛中将の井伊家や会津松平家などは上から4畳目で盃を賜り、呉服台は6畳目に置かれた。従四位近衛少将に任命された大名は同じく上から4畳目で盃を賜ったものの、呉服台は7畳目に置かれることになっていた。

立礼の盃事はより簡素

白書院での盃事が終わると、家斉は大広間に向かう。

大広間で将軍のお出ましの時を待っていたのは従五位の位階を持つ親藩・譜代大名たちだが、大半の大名は従五位であった。各大名の前には献上用の飾り太刀と目録が置かれていた。

家斉は上段に着座する前に、立ったまま下段に向かう。大名たちは二之間や三之間に控えていたが、大広間での年始の儀式は次のように執り行われた。

老中が下段と二之間の間を仕切る襖を開き、控える諸大名を代表する形で「何れも年始の御礼を申し上げます」と申し述べると、将軍は平伏中の大名たちに向かって「目でたい」、と一言言い放つ。老中はこの言葉を受けて、「上意を蒙《こうむ》り、有り難く存じます」と申し上げ、襖が再び閉じられる。

その後、将軍は上座に着座する。世継ぎの家慶も同じく着座した。続いて、盃事へと進んでいく。

白書院では献上した大名の名前が披露されたが、大広間では名前は披露されず、そのまま盃事に入る。従四位以上と従五位の大名格差であった。

家斉は高家のお酌で盃を飲み干すが、白書院の時のように一対一で盃をやり取りしたのではない。盃が二つ、あるいは三つ用意されていた。お酌のお銚子も二つ、あるいは三つ用意された。

二之間や三之間に控えていた大名は、2、3人ずつ下段へと進み出て、将軍からの盃を同時に受け取り、御酌役により注がれた酒を呑み干した。この形を取れば時間がかなり短縮できるが、一対一の盃のやり取りに比べれば薄礼に他ならない。お酌役も高家ではなく、格下の御書院番頭だった。「独礼」を許された大名と「立礼」にとどまった大名の格差がまたしても確認できる。

盃を賜った後は呉服を拝領し、2、3人ずつ退出していく。大広間での大名との盃事が終わると、将軍は立ち上がって中奥に戻った。

2日目は、御三家の嫡子・子息、国持大名クラスの有力外様大名。そして将軍に拝謁(御目見得)する資格を持つ旗本から年始の挨拶を受けている。3日目はそれ以外の大名が登城して年始のお祝いを申し述べることになっていた。

なお、大名の場合は一対一でなくても対面で盃を交わしたが、旗本については将軍と対面しながら盃を交わしていない。将軍不在の大広間で固めの盃が交わされた。大広間に伺候《しこう》してきた旗本たちは7人あるいは9人ずつ並んで前に進み、御書院番頭のお酌を受けて飲み干し、盃を懐に入れて退出した。呉服は拝領していない。

1万石以上と1万石未満の格差が浮き彫りになっているが、旗本の数は数千人に及ぶ以上、将軍としても一々年始の挨拶を受けてはいられなかった。まして、盃のやり取りなど一々できるはずもなかった。そのスピードアップをはかる必要もあり、一度に7人(9人)ずつの盃事としたのである(『徳川礼典録』上巻、尾張徳川黎明会)。

17 日本一厳しい？江戸城における大名たちの服装マナー

官位の格差が示された儀式の服装

幕府の役職に就いていなくても、江戸在府中の大名は将軍主宰の様々な儀式に参列することが義務付けられたが、その時の装束（礼服）は儀式の内容に応じてあらかじめ決まっていた。

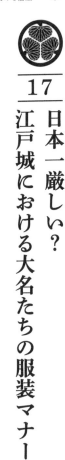

大名が持つ官位が基準となる場合もあった。着用する装束で大名の官位が一目でわかるようになっていたが、年始の儀式の時の装束がこれにあてはまる。

儀式の主宰者たる将軍は直垂《ひたたれ》姿だったが、同じく直垂の着用を許されたのは将軍のほか、位階が従四位以上で官職が侍従《じじゅう》以上の大名たちである。従四位であっても侍従ではない大名は一ランク下の狩衣《かりぎぬ》の着用が指定された。

要するに、直垂姿で年始の儀式に参列できたのは、具体的には御三家・御三卿・越前松平家・国持大名・溜間詰《たまりのまづめ》の譜代大名など。石高で言うと、親藩・譜代・外様の別にかかわらず10万石以上の大名ということになる。

頭には風折烏帽子《かざおりえぼし》を被り、短くて小さい刀（小《ちい》さ刀《がたな》、殿中差《でんちゅうざし》ともいう）を腰に差し、末広《すえひろ》（中啓《ちゅうけい》）と称した扇を手に持つスタイルだったが、直垂の色に特に定めはなかった。ただし、江戸紫色は当代将軍が着用した直垂の色で、浅黄《あさぎ》色や萌黄《もえぎ》色もかつての将軍が着用した直垂の色であったため避けられている。黒も凶事を表わす色として避けられた。

・臣下は年始の儀式で将軍に謁見する際に着用
・将軍は年始のほか、代替り、勅使・琉球使節引見の際にも着用

◉直垂《ひたたれ》（将軍／従四位以上かつ侍従以上）

直垂の下は白小袖《しろこそで》や熨斗目《のしめ》を着用し、袴の色や地質も直垂と同じだった。袴は長袴である。

大名が殿中で直垂を着用するのは年始の儀式に参列する時のみだが、将軍の場合は代替りの祝儀、勅使や琉球使

◉狩衣《かりぎぬ》（従四位）

◉大紋《だいもん》（従五位）

節を引見する時にも着用している。

直垂よりも一ランク下の狩衣は、従四位の大名が着用した。狩衣は狩りなどの時に着用された装束であったことから、そう呼ばれるようになったという。

同じく、頭には風折烏帽子を被り、小さ刀を腰に差して扇を手に持つスタイルで、袴は指貫《さしぬき》と呼ばれた。直垂姿の時のような長袴ではない。なお、城内の儀典《ぎてん》係である高家《こうけ》は旗本だったが、官位は従四位と高かったため大名限定の狩衣の着用が許されている。

狩衣よりも一ランク下の大紋《だいもん》は、従五位の大名が着用することになっていた礼服である。大紋は名前のとおり大

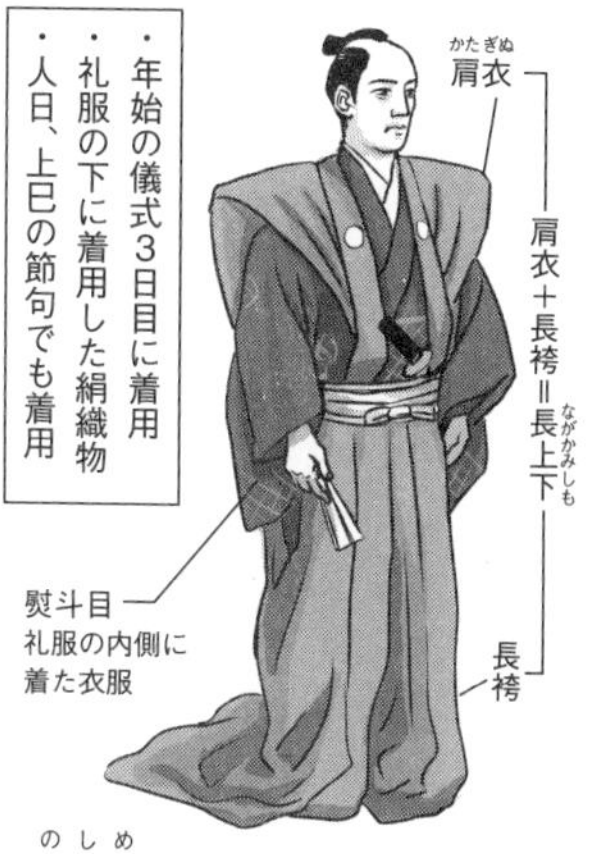

◉熨斗目《のしめ》（将軍も大名も着用）

きな紋所《もんどころ》（家紋）が染め抜かれた布直垂で、背中に一つ、左右の袖に一つずつ、袴の左右に一つずつ、後ろの腰に一つなどと紋所が配された。直垂や狩衣と同じく、風折烏帽子・小さ刀・扇のスタイルだが、袴は長袴だった。

大紋は主に10万石以下の大名が着用したが、3万石以上の譜代大名が就任可能とされた老中に昇任した場合は、10万石以上の大名に許された一ランク上の狩衣の着用が許された。将軍の信任を得て幕府の閣僚となれば格が上がることが、装束により視覚化されていたのである。

儀式終盤は格差から解放

年始の儀式は元旦から3日まで続くが、直垂・狩衣・大紋と三つにランク付けされた諸大名の装束は2日までである。3日からは、将軍も大名もすべて熨斗目《のしめ》・長上下《ながかみしも》姿となった。

年始の儀式のみ、幕府は大名の官位により装束に格差を付けたが、3日目から格差は付けなかった。以後の儀式も同様で、同じ装束を一律に着用させたが、儀式の内容によって微妙に変えさせている。

熨斗目とは小袖に仕立てられた武家の礼服で、大紋や上下などの礼服の下に着用した絹織物のことである。長上下《ながかみしも》（長裃）は肩衣《かたぎぬ》と長袴のことだが、肩衣には左右の胸の部分と背中に、長袴には腰の部分に家紋が付けられていた。

年始の儀式の次は1月7日である。五節句の一つである人日の節句のお祝いが城内で執り行われたが、その時も同じく熨斗目・長上下姿で大名は参列した。3月3日の上巳《じょうし》の節句の時も同様である。

しかし、5月5日の端午の節句では、熨斗目ではなく夏服の帷子《かたびら》だった。この日から、一斉に衣替えとなったことを受けて夏服に改められたが、その上に長上下を着用してお祝いの行事に参列している。7月7日の七夕の節句も同様だが、帷子の色は涼しげな白に変えることになっていた。五節句ではないが、8月1日の八朔で登城した大名も白帷子の長上下姿であった。

年始や五節句などの儀式の時、幕府は大名に対して長上下で参列するよう求めたが、

・京都の御所に参内するときの正装
・大名が将軍の墓参に同行する際は位階に応じた色を着用

◉束帯《そくたい》（将軍も大名も着用）

・束帯を簡略化した略装

◉衣冠《いかん》（将軍も大名も着用）

月次御礼《つきなみおんれい》のため毎月の定日に登城する時は肩衣に半袴という半上下姿だった。年に1回の儀式の時は特別感を視覚化するため、幕府は登城してくる諸大名に長上下の着用を求めたのだろう。

公家としての装束

大名は将軍の家臣であるとともに、朝廷から従五位以上の官位を与えられた。武家であると同時に、天皇に仕える公家としての顔も持っていた。

よって、直垂や大紋といった武家の礼服だけでなく、公家の礼服たる衣冠《いかん》や束帯《そくたい》の姿となる場合もあった。仮に京都の御所に参内する時は、衣冠束帯姿に変身しなければならない。

衣冠と束帯は垂纓《すいえい》のある冠や上着の袍《ほう》を着用する点では同じだが、袴が違っていた。衣冠は指貫だが、束帯は表袴である。刀も違っており、衣冠は野太刀、束帯は装飾の付いた太刀を佩刀《はいとう》とするのが定めだった。束帯よりも衣冠の方が簡略化されていたため、略装とされた。

将軍は京都から下ってきた勅使から征夷大将軍の宣旨を受ける時や、官位の叙任の時は束帯姿となっている。本来ならば御所に参内して将軍宣下や官位に叙任されるからだが、束帯姿となるのは城内だけではない。

日光東照宮や寛永寺・増上寺内の歴代将軍の墓所に参詣する時も束帯だった。これに大名が同行する時は同じく束帯姿に変身することが義務付けられたが、大名が持つ位階により袍の色は異なった。四位以上は黒、五位は緋《ひ》（やや黄味の赤色）、六位は縹《はなだ》（薄い藍色）と定められ、一目で官位の違いがわかるようになっていたのである。

18 家のレベルに応じて変化 将軍からのプレゼントの中身

鷹狩りの成果は大名へ下賜

大名は年始の儀式で盃と呉服を将軍から拝領したが、参列を義務付けられた他の儀式でも様々なものを賜っている。端午の節句、重陽の節句、歳暮（12月29日）では時服《じふく》、嘉祥《かしょう》の日（6月16日）は菓子、玄猪《げんちょ》の日（10月下旬）には亥《い》の子餅《こもち》を賜った。時服とはその時候に応じて着用する衣服のことで、端午の節句では夏服の帷子、重陽の節句と歳暮では冬服として綿入りのものを拝領した。

時服、菓子、亥の子餅は大名に対して一律に同じものが同じ量下賜されたが、家格に応じて拝領物に格差が付けられる場合があった。同じ拝領物でも、家格に応じて拝領の頻度に差をつけることもみられた。

将軍の行動範囲はほぼ江戸城内に限定されたが、御成《おなり》と称して城外に出ることもあった。寛永寺・増上寺内の歴代将軍霊廟《れいびょう》への墓参などは代表的な御成だが、鷹狩りというレクリエーションのような御成もみられた。

年に数回程度であったが、将軍が城外に出るとなると、その警備のため江戸は厳戒態勢に入る。あまり知られていないが、その日は朝から人々は火が使えなかった。火事が起きて城外に出て来ている将軍の身の上に異変が起こるのを恐れたからである。

鷹狩りとは将軍用に飼い慣らした鷹（「御鷹《おたか》」と呼ばれた）を野山に放ち、鶴・雉《きじ》・雁《がん》・雲雀《ひばり》などの鳥類や兎などを捕らえるものである。その際には、獲物となる鳥獣類を駆り立てる勢子《せこ》として多くの農民が動員された。

将軍にとっては堅苦しい城内の生活から解放されて城外に出られる貴重な機会だったが、鷹狩りを楽しんだ江戸郊外の地（御拳場《おこぶしば》と呼ばれる）は、現在の東京23区域内にほぼ相当する。御拳場は六つに区分され、各区域に現地駐在の鳥見役が置かれた。

鳥見役の任務とは鷹狩りが実施できるような環境の整備だった。鷹の獲物が生息できるよう、農村での狩猟活動に統制を加えたのである。そのため、御拳場では原則として案山子を立てられず、鳥獣害に悩まされる農民にとり、迷惑この上なかった。挙句の果て、鷹狩りの時には獲物を追いかける将軍や供の者たちにより農地が踏み荒らされてしまう。

将軍による鷹狩りのメインは、長寿の象徴たる鶴を捕獲することであった。その鶴は

将軍による鷹狩りを描いた錦絵（「徳川十五代記略　十代将軍家治公鷹狩之図」都立図書館所蔵）

京都の朝廷に献上するのが慣例となっていた。

鶴を捕獲するため将軍が御成となる場所は、江戸城から見て隅田川の東側、現在の江東区・江戸川区方面だった（西側にあたる品川方面の場合もあった）。今となっては信じられないが、この時代は冬になると江戸郊外に鶴が舞い降りてきた。

そのため、幕府は葛西・小松川村（現江戸川区）に鶴を餌付けする場所（約2ヘクタール）を設定する。1日3度、籾《もみ》を5合ずつ蒔《ま》きながら鶴が餌付くのを待った。

鶴が餌付くだけでなく、人に馴れて近くを歩いても飛び去らないようになると、現地駐

在の鳥見から江戸城に連絡が入り、将軍のお出ましとなる。その時期は、例年11月頃だった。

鶴がいる場所までやって来た将軍は、自分の拳に据えていた鷹を放つ。空中戦の末、鷹が鶴を仕留めて地上に落ちてくると、その場に鷹匠《たかじょう》や御供の者たちが駆け付け、将軍の御前に差し出される。

これを「御鷹之鶴」と称した。その後塩漬けにされた鶴は昼夜兼行で京都に向かい、朝廷に献上されることになる。

鷹狩りの獲物で格付けされた大名たち

将軍が鷹狩りにより得た鶴は朝廷に献上されるだけではない。諸大名にも下賜されているが、すべての大名ではなかった。

鶴を毎年拝領できたのは、御三家と前田家だけである。仙台藩伊達家と薩摩藩島津家は江戸在府の時のみであり、つまり隔年で拝領。前田・島津・伊達家以外の国持大名は在国の時のみ、1年に2～3名ずつ順番で拝領した。5年おきぐらいの拝領となる計算だ。

鶴を拝領できたのは御三家と国持大名だったが、拝領の間隔から御三家と前田家、島津家と伊達家、他の国持大名と三つにランク付けされていたことがわかる。つまり、大名の格差に応じて拝領の間隔に差を付けたのである。

ただし、朝廷に献上された鶴とは違い、塩漬けされた鶴ではなかった。切り身の肉が箱に入っているだけだった。

鶴を拝領できなかった大名には、江戸在府の時に鷹狩りで得た雁や雲雀が下賜されたが、これにしてもすべての大名ではない。雁と雲雀では雁の方が高くランク付けされたが、その理由はわからない。

鶴を拝領した大名は20家ほどだが、雁や雲雀となると対象の大名は一気に拡大する。国持大名に加え、それに準ずる大名のうち従四位以上の官位を持つ大名、城を持つ譜代大名、幕府の役職を務める譜代大名が対象だった。１００家近くにも達しただろう。

このように、鶴を拝領できる、雁を拝領できる、雲雀を拝領できる、雲雀さえ拝領できないという4ランクで大名は格付けされた。この場合も、大名の格差に応じて下賜する鷹狩りの獲物には差が付けられていた。

言い換えると、鳥は鶴・雁・雲雀の順でランク付けされたが、最下位の雲雀になると30羽・50羽単位で下賜した。そのため、毎年数千羽が必要となるが、将軍一人の鷹狩りだけで調達できるはずもない。御拳場を管理する鳥見役が鉄砲で捕獲し、それを塩漬けして下賜した。

なお、鷹を賜った大名もいる。御三家、加賀藩前田家、越前松平家、会津松平家、彦根藩井伊家などは帰国する時に下賜されたが、それだけでは済まなかった。国元では将軍から拝領した鷹で狩猟を行い、その獲物を塩漬けにして献上することが幕府から求められていたのである。

将軍からの拝領品にはお祝いが必須

諸大名が拝領した鳥のうち、鶴の場合は拝領した各大名家が宴席の場を設け、家中で共食《きょうしょく》することになっていた。切り身で国元に送られた鶴は、お吸い物にして共食された。

共食とは元々神への供え物を皆で飲食することで、神と人および人と人の結び付きを強めようという儀礼的な食事だった。神事の終了後、お神酒《みき》や神饌《しんせん》を下ろして飲食する酒宴は直会《なおらい》と呼ばれるが、まさに直会のようなものであった。将軍からの拝領品とは、いわば神様から下賜されたものとして取り扱うよう求められたのである。

幕府が鶴を下賜した大名に対し、宴席の場を設けて家中で共食させようとしたのは、下賜した将軍の存在を家中一同に認識させたかったからだ。大名よりも上の存在があることを、その家中に知らしめる巧妙な手段であった。

当時は何であれ、将軍からの拝領品にはそのお祝いをすることが暗黙のうちに求められた。食用ならば共食の場を設け、その喜びを共に分かち合うのがしきたりだったが、これは大名のみならず、社会全般にあてはまる風習でもあった。

19

御三家には丁寧だがほかはぞんざい将軍からかけられる言葉にまで格差

将軍の言葉に示された格差

大名の格差は江戸城内で視覚化されるだけではなかった。音声化されることもあった。将軍みずから、大名の格差を言葉で示したのである。

江戸時代、将軍は大名であっても非常に遠い存在だった。

将軍に拝謁する時、「面《おもて》を上げよ」という言葉がかけられるシーンは時代劇でもお馴染みだろう。この言葉がかけられると、平伏する姿から一転顔を上げて将軍の顔を正視するが、これは実際には有り得ないシーンであった。

将軍に拝謁する際、顔を上げることは許されていなかったのだ。「面を上げよ」と声がかかっても、恐れ入って顔が上げられない振りをすることが義務付けられていた。

仮に顔を上げてしまったらどうなるのか。

敬意を失している、つまり不敬であるとして厳しい処分が待っていた。将軍に拝謁できると言っても、同じ空間を共有していたに過ぎなかったと言う方が正確だ。

江戸城に登城した大名たちと案内係の御坊主衆たち（『徳川盛世録』国会図書館所蔵）

将軍との距離は現在の感覚では想像できないほど遠かったが、それは幕府の狙いでもあった。その権威を高めるため、将軍との距離を意識的に遠ざけようとしていたからである。

そのため、将軍の肉声を聞く機会もほとんどなかった。年始の時の言葉（「目でたい」）と、参勤交代の時の言葉ぐらいだった。

大名は帰国する際、将軍に拝謁して帰国の許可を得なければならなかった。逆に参勤して来た時も、拝謁して江戸到着を報告することが義務付けられたが、その際将軍から声がかけられるのである。

帰国が許可される時の言葉からみていこう。尾張徳川家の場合は「寛々休息あらる、様ニ　目出たう盃を」(国元でゆるゆる休息するように)というフレーズであった。将軍職を継げる家格の御三家にはたいへん丁寧な言葉遣いだった。

ところが、他の大名については「在所への暇をやる。休息するやうニ」(国元への帰国を許す。休息するように)というフレーズであり、ぞんざいな言葉遣いとなっている。大名の格差がそのまま言葉に反映されていた。

国元から江戸に出てきた時の言葉はどうか。御三家への言葉はわからないが、それに次ぐ家格の前田家に対しては、「所労も全快て一段の義じや」(疲れも全快して喜ばしいことだな)と声をかけている。他の大名には「息災そふニ見へて一段な」(元気そうにみえて喜ばしいな)という言葉であり、簡略なフレーズと言えるだろう。

幕府は代替りの度に諸大名や幕臣に向けて武家諸法度を発するのが慣例であった。その際、将軍は諸大名や旗本に発令の旨をみずから伝えたが、大名の家格により、その言葉は異なっていた。

御三家・御三卿には「今日法令を申出す、何れも怠慢なふ仕置等念を入らる、様ニ」(今日、武家諸法度を申し渡す、いずれも怠慢なく藩政に念を入れなさるように)。溜間詰の大名には「今日法令を申出す、何れも怠慢ない様ニ念を入」(今日、武家諸法度を申し渡す、いずれも怠慢なく藩政に念を入れなさい)。それ以外の大名には「何れも怠慢なふ仕置等念る様ニ」(いずれも怠慢なく藩政に念を入れるように)という言葉が使われた。家格が下がるにつれて言葉が簡略化され、丁寧ではなくなる(深井雅海『図解　江戸城をよむ』原書房)。

警蹕《けいひつ》、咳払いという格差

音声化された格差は大名が殿中を行き交う場面でも確認できる。警蹕《けいひつ》や咳払いの有無という形で格付けされたからである。

江戸城内で将軍に拝謁する直前に、ある奇妙な音が一斉に発せられるのが当時のしきたりであった。「しー」という言葉である。現在でも、その場を静粛にするために人差し指を口に当てて「しー」という言葉が発せられることは多いが、これは警蹕と呼ばれる儀礼行為だった。

警蹕とは、天皇や貴人が出入りしたり、あるいは神事の時に先払いの者が声をかけて、あたりを戒める行為である。一言で言うと、静粛にということだ。

江戸城では、将軍がお出ましになる時に警蹕の声がかかる。そうすると殿中に静寂が訪れる。その後、拝謁の儀式がはじまる。

江戸城の殿中が時代劇で描かれる時、頭を丸めた羽織姿の御坊主衆が何人も御殿内を行き来する場面が出てくる。登城してきた大名や幕臣を部屋に案内することが主な役目だったが、彼らが「しー」という言葉を発声することになっていた。

当時の日本人にとっては、将軍に拝謁する前に「しー」という言葉が発せられ、静寂の空間がもたらされることは何の不思議もない光景だった。しかし、将軍に拝謁するため登城した外国人にとっては驚きであり、カルチャーショック以外の何物でもなかった。

殿中の廊下を通る時、警蹕の声が掛かるのは将軍のほか、徳川姓の御三家と御三卿、将軍の信任を得て幕政を担う老中・若年寄、そして将軍側近の御側衆だけであった。

御坊主衆から咳払いをかけられた大名もいる。越前松平家、有力譜代大名がメンバーの溜間詰の大名、そして国持大名と呼ばれた有力外様大名だが、咳払いは警蹕よりも扱いは下だった。

殿中では①警蹕、②咳払い、③警蹕の声も咳払いもかけられないという三つのランクで大名は格付けされていたのである。

大名たちのマナーをチェックする目付

将軍への拝謁は、当事者の大名や旗本にとって強い緊張を感じさせるものだった。顔を上げることさえ許されなかったことは実に大きかったが、それだけではない。最後の広島藩主浅野長勲の証言によれば、畳の縁に手を突いたり、障子に脇差が触れただけで、目付役《めつけやく》が飛んできて城を下がることができなかったという。

将軍に対して不敬であるとして、大名は目付により別室に連れていかれる。譴責《けんせき》を受けるのだ。

現代風に言うと口頭での厳重注意であり、それ以上の処罰はなかった。しかし、何よりも体面を重んじる武士社会において、特に一国一城の主としてプライドも高い大名からすると、屈辱的な処置に他ならない。

殿中における拝謁の作法は非常に厳格だった。この厳格さこそ絶大な将軍権威の源にもなっていたが、そこで名前の通り「お目付役」を務めていたのが目付である。

目付とは旗本から任命される役職だった。幕臣の監察を主たる任務としたが、政務に関する意見を将軍に上申することもできた。

目付の職務はまだある。殿中での儀礼で作法が守られているかどうかのチェックだ。

将軍への拝謁や儀式の場に同席し、参列者に落ち度があれば相手が大名であっても容赦しなかった。口頭で叱責し、下城差し止めとした。ただし、実際のところは畳の縁に手足が突いても咳払いをして注意を促すだけだった。武士の情といったところだろう。

江戸城で執り行われた儀礼は諸大名の格差を視覚化したが、その厳粛な進行を陰で支えていたのが目付だったのである。

第四章　江戸藩邸でみる格差

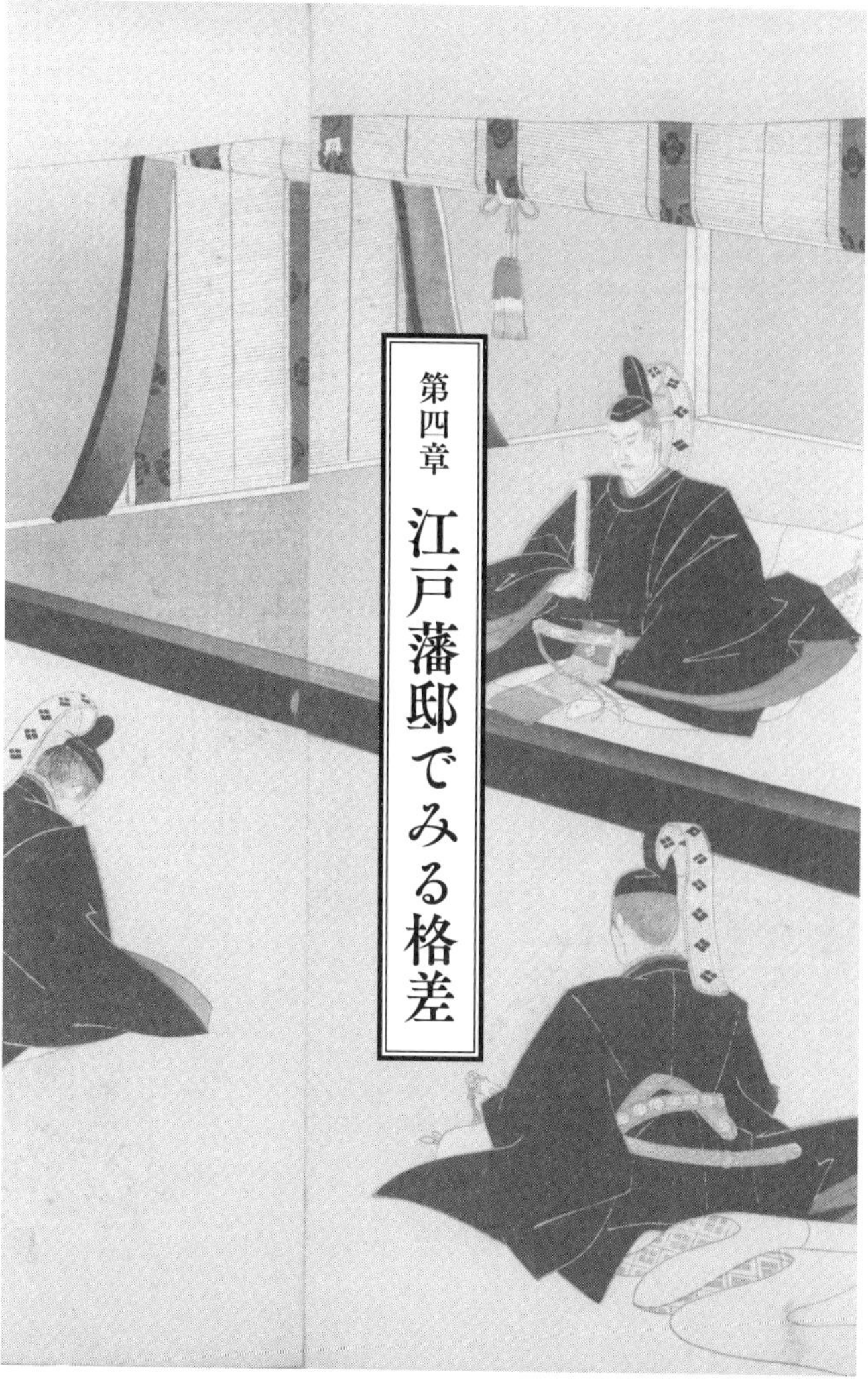

「江戸藩邸でみる格差」の基本――すべての大名が集う町

大名の格差が視覚化された舞台は、江戸城だけではない。参勤交代制により江戸には日本全国の大名が参勤したが、すべての大名が同時に江戸にいたのではなく、国元と江戸に約半分ずつ振り分けられた格好だった。

大名が江戸に勢揃いしたわけではなかったが、江戸在府中の大名が生活する屋敷（江戸藩邸）はすべて江戸に集まっていた。全大名屋敷が揃う江戸では、その土地や建物などが大名の格差を浮き彫りにしたのである。

この時代、屋敷とは必ずしも建物を指す言葉ではない。諸大名は江戸在府中の屋敷を幕府から下賜されており、これを俗に大名屋敷というが、建物は含まれていなかった。土地のみ与えられ、建物は自費で建てている。

自費で建てる以上、どういう建物を建てるかはその大名に任せられたが、一つだけ規制が掛かった。大名の格差に応じて、屋敷の門構えが定められたのだ。門構えで大名の間の格差が示された。

格差は門構えのほか、屋敷の広さでも示された。石高を基準に、下賜する屋敷の面積の目安が設定されたのである。

大名屋敷の格付けとして、将軍が訪問するか否かという基準もあった。大名の格付けと表現した方が正確だが、将軍が大名屋敷に訪問（御成）する際には、件の大名に特別な建物を造成しておくことを義務付けた。このことは大名屋敷だけでなく、将軍が訪問する寺院にも求められた。

江戸在府中、大名屋敷には大名のほか大勢の家臣が住んでいたが、国元に帰国している間は留守居役《るすいやく》と呼ばれた家臣が名前のとおり、大名屋敷の留守を預かった。江戸留守居役は大名家つまり藩を代表して幕府との交渉にあたった。その際、留守居役どうしで組合を結成して情報交換に努めたが、留守居組合結成の基準こそ大名の家格であった。

本章では、江戸藩邸を通して様々な形で視覚化されていた大名の格差を浮かび上がらせる。

20
地元の石高が江戸藩邸の広さを決めた

幕府から下賜された屋敷は無税

大江戸八百《はっぴゃく》八《や》町《ちょう》という言葉で象徴されるように、江戸は町人が住む町のイメージが強いが、明治2年（１８６９）に政府は江戸改め東京の土地調査を実施し、次のような集計結果を得ている。

江戸の総面積は１７０５万３３８坪で、そのうち武家地は１１６９万２５９１坪、町人地は２６９万６０００坪、寺社地は２６６万１７４７坪。江戸は武士が住む武家地が約70％を占める一方で、町人地と寺社地が同じく約15％ずつを分け合っていた格好だった。

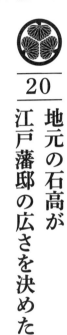

江戸の70％を占めた武家地は、将軍の直属家臣（御直参《ごじきさん》）である幕臣（旗本・御家人）の屋敷と、大名の屋敷に分けられる。大名屋敷は幕府から下賜された拝領屋敷と、大名が買得《ばいとく》した屋敷である抱《かかえ》屋敷に大別されたが、拝領屋敷は無税で抱屋敷は無税ではなかった。まずは、拝領屋敷の方からみていこう。

大名の場合、最低3カ所の拝領屋敷を持っていた。上・中・下屋敷の三つだ。そして、大名とその家族が住む御殿と家臣たちを住まわせる長屋を、自費で建てている。

上屋敷とは、大名の当主つまり藩主が住む屋敷。中屋敷は世継ぎや隠居した大名が住む屋敷。下屋敷は別荘・倉庫・避難所として活用された屋敷である。上・中屋敷は一つずつだが、下屋敷は複数拝領することも珍しくなかった。上・中・下屋敷、これからみていくとおり、いずれも広大な規模であった。

幕府が大名に広大な屋敷を下賜したのは、参勤交代の制度に基づき1年間ずつ生活するよう義務付けたからである。第三章でみたように、江戸在府中は定期的に登城することが幕府に対して果たすべき重大な公務となっていた。よって、藩主が住む上屋敷は登城の便を考慮して江戸城の周囲で下賜されるのが習いだった。

世継ぎや隠居した大名が住んだ中屋敷は、藩主のように登城義務はなかったため上屋敷よりも江戸城から離れた場所で下賜された。別荘の機能を併せ持つ下屋敷となると、上・中屋敷よりもさらに離れた場所で下賜している。

大名は幕府から屋敷を拝領するほか、別に地所を購入する場合もあった。これを抱屋敷という。江戸近郊の農地を購入して抱屋敷としたが、抱屋敷は農地であるため拝領屋敷とは違って年貢納入の義務があった。多少違和感があるが、所有主たる大名は農民に代わって領主の幕府代官などに年貢を納めた。

安政3年（1856）にも、江戸の土地調査が実施されている。その時の数字によれば、大名の拝領屋敷は計560万坪余、抱屋敷は計147万坪余であった（『諸向地面取調書』）。

拝領屋敷には石高や役職の基準があった

幕府が大名や幕臣に屋敷を下賜するにあたっては、その石高や役職により一定の基準が設けられていた。石高による基準を「高坪」、役職による基準を「格坪」あるいは「並坪」と呼んだ。原則、その範囲内で下賜されることになっていた。

左の表は、元禄6年（1693）時に幕府が提示した高坪を一覧にしたものである。実際のところは、数十万石クラスの大藩《たいはん》となると数万坪規模の拝領屋敷を持つことも珍しくなかったが、表をみると、たとえ10万石クラスの大名でも新たに与えられる拝領屋敷の規模は7000坪に制限されていたことがわかる。

当初、幕府は大名や幕臣の求めに応じて広大な土地を拝領屋敷として下賜したが、いつまでも気前よく下賜できるわけもなく、与える土地に不足するようになるのは時間の問題だった。拝領屋敷は無料そして無税であるため拝領希望者は多かったが、その分幕府財政にはマイナスとなるという問題もあった。

◉高坪の規定（1693年）

石高	坪数
10万石～15万石	7000坪
8万石～9万石	6500坪
6万石～7万石	5500坪
5万石～6万石	5000坪
4万石～5万石	4500坪
3万石～4万石	3500坪
2万石～3万石	2700坪
1万石～2万石	2500坪
8000石～9000石	2300坪
5000石～7000石	1800坪
3000石～4000石	1500坪
2000石～2900石	1000坪
1000石～1900石	700坪
300石～900石	500坪

（『日本財政経済史料』巻八を元に作成）

そのため、幕府は高坪などの基準を設ける。大名の身上を数字化した石高を基準とすることで、拝領対象の大名側を納得させようと目論む。

ちなみに、次ページの表は享保4年（1719）時に幕府

◉格坪（並坪）の規定（1719年）

職名	坪数
御小姓組・御書院組（2000石～2900石）	1000坪
同（1700石）	900坪
同（1000石）	700坪
同（900石）	600坪
同（300石～800石）	500坪
御膳奉行、御納戸組頭	500坪
御代官	450坪
御広敷番之頭、新御番、大御番、御納戸、御腰物方、御右筆	400坪
小十人、医師、御勘定、支配勘定	300坪
御台所組頭	250坪
御広敷添番	200～250坪
御天守番、富士見御蔵宝番、御徒目付、火之番、御侍、御台所人	200坪
坊主、伊賀者	100坪
下男	75坪

（『日本財政経済史料』巻八を元に作成）
（御広敷番之頭は500坪の場合もあり）

から提示された格坪（並坪）をまとめたものである。その対象は大名ではなく幕臣だが、同じ役職でも石高により差が付けられていたこともわかる。

大名や幕臣が幕府に屋敷の拝領を願う場合、願書の提出先は普請《ふしん》奉行所であった。希望の場所つまり空き地を見立て、拝領屋敷授受の実務を受け持つ普請奉行所に願い出ることになっていた。

普請奉行所は承応元年（1652）に設置され、幕府の土木工事のほか江戸市中の武家地を管轄した部門である。長官の奉行には旗本が任命され、その下には普請方下奉行、

普請方 改 役《あらためやく》、普請方同心などの属僚が置かれた。

普請奉行所では大名や幕臣から拝領願が提出されると、希望の場所は拝領地として適当か、その面積は妥当か、既に拝領願が提出されていないかなどを吟味した。見立てた場所が同じ無年貢の武家地ならばともかく、年貢納入が義務付けられた年貢地（町並《まちなみ》地《ち》・農地）の場合は、管轄の町奉行所や代官所との調整が必要となる。仮に年貢地を無税扱いの拝領屋敷にしてしまうと、代官は年貢を徴収できなくなるからだ。

普請奉行所による吟味が終わると、書類が老中・若年寄に回され、可否の判断が下される。目出度く許可されると、今度は引き渡しの段となる。

引き渡しの際には、普請方下奉行のほか、地割のための棟梁たちが現地に出役してくるのが習いである。下賜する屋敷の四方の間数や境目の牓示杭《ぼうじぐい》を確認すると、その様子を描いた絵図が作成される。

この絵図には、拝領主と隣接屋敷の主が境目で立会った旨の署名と印判を取った証文が添えられる決まりであった。これを「屋敷渡《やしきわたし》預《あずかり》絵図《えず》証文《しょうもん》」という。その後、該当の地所が引き渡されて授受が完了する。

拝領主である大名や幕臣が改名したり、代替わりした時は、その都度幕府に届け出る必要があった。

しかし、拝領希望の場所を見立てても、希望者多数のため願いはなかなか叶わなかったのが実情である。そんな状態が長く続くと、下賜を待ち切れなくなった大名や幕臣が江戸近郊の農地を購入する。これが先にみた抱屋敷だ。その後、抱屋敷の拝領地への切り替えを幕府に求めることが多かった。

年貢地を無年貢地にするよう求めたわけだが、幕府にしてみると、それは年貢減少に直結する以上、容易に認めようとはしなかった。

過密な男性社会

拝領屋敷（上・中・下屋敷）は巨大な門と長大な塀で周囲を廻《めぐ》らした上に、部外者が内部に立ち入ることを厳しく制限したため、きわめて閉鎖的な空間となっていた。大名屋敷とは、現在に喩えれば治外法権を持つ外国大使館のような存在であった。

今では徳川家や各大名家などに残された絵図により内部の様子はわかってしまう。しかし、当時その内部は軍事機密に属したトップシークレットであり、外部に漏れてはならないものだった。よって、市販されていた江戸の切絵図をみても、内部の様子などはまったくわからなかった。

そんな閉鎖的な空間であった大名屋敷には、いったいどれほどの人数が住んでいたのか。

これも同じく軍事機密であり、トップシークレットだった。正確な数字はわからない事例が大半で、断片的に数字が残るのみというのが実情である。

その数少ない事例のうち、国持大名の一人である土佐藩山内家（表高20万石）の事例をみてみよう。

貞享元年（1684）というから5代将軍・徳川綱吉の治世だが、この年、江戸藩邸に住む家臣の数は計3195人だった。土佐藩は鍛冶橋《かじばし》に上屋敷、芝に中屋敷、品川に下屋敷があったが、上屋敷（1683人）と中屋敷（1295人）に家臣は集中していた。ちなみに、上屋敷の坪数は7052坪、中屋敷の坪数は8429坪である。

男女別でみると、圧倒的に男性が多かった。3195人のうち3049人が男性であり、女性146人は屋敷に住み込みで勤務する奥女中だった（安藤優一郎『大名屋敷「謎」の生活』PHP文庫）。

女性と言っても、江戸城大奥のように殿様の御殿に勤める奥女中なので、屋敷内部は事実上、男性だけの世界であった。江戸は男性都市という言い方をされることが多いが、江戸城の周りに広がる三百諸侯の江戸屋敷は、それ以上の男性社会なのである。

21 江戸藩邸の見た目から大名のランクをわからせた幕府

屋敷を好き勝手に飾り立てることは禁止

大名は幕府から最低3カ所の屋敷を下賜されていたため、江戸には1000近くの大名屋敷があった計算となる。江戸は大名屋敷街と言っても決して言い過ぎではなかった。

藩主が住む上屋敷には、巨大な御殿が建設されるのが習いだった。上屋敷に贅を凝らした建物を建てることで、自分の家をアピールしようと目論む。

泰平の世になったことで、大名は武力をもって自分をアピールする場を失ってしまう。参勤交代制度に基づき江戸での生活を余儀なくされるが、同制度により、江戸は全国から人やモノや情報が集まってくる巨大都市へと成長していく。

よって、諸大名には自分をアピールするのに最高の舞台として江戸は映っていた。江戸で拝領した大名屋敷を通して自分のプライドや名誉欲を満足させようとするが、その象徴こそ上屋敷内に建設された建物なのである。

上屋敷内に建てられた建物とは大名の顔であったが、これからみていくとおり幕府からは自家の格に応じた門構えにするよう求められる。表門をみれば、その格が一目瞭然となる仕掛けが施されたのだ。

トップシークレットとされた大名屋敷の内部構造には、ある共通点があった。大名と妻子そして奥女中たちが住む御殿は屋敷の中央部に置かれ、その周囲が藩士が居住する長屋で囲まれたことである。

藩士たちは身をもって藩主を守る楯となり、屋敷が攻撃を受けた時は長屋で防戦することになっていた。いざとなれば、大名や家臣たちが立て籠る軍事施設に大名屋敷は変身する。それが現実のものとなったのが、慶応3年（1867）12月に起きた徳川家による薩摩藩高輪《たかなわ》屋敷の焼き討ちだ。この時から、戊辰戦争の火ぶたは事実上切られた。

御殿は藩主の生活空間と、藩士も出入りした空間から構成されたが、藩士が大名の生活空間に入ることは原則としてなかった。そこに入るには藩主の許可が必要とされた。

江戸城の本丸御殿に喩えると、前者が中奥・大奥、後者が表となるだろう。同じ屋敷内に居住していながら、互いの空間は隔絶していた。

門構えで格差を視覚化

そんな大名屋敷が時代劇などで映像化される場合、勇壮な表門の門構えが登場することは多い。『○○藩上屋敷』などと墨書きされた木製の表札と一緒に登場するのが定番だが、10万石以上の国持大名、5万石以上10万石未満の大名、1万石以上5万石未満の大名と、石高の格差により門構えはおおよそ3種類に大別されていた。

10万石以上の国持大名の場合、表門は長屋と独立した建物にすることが許されていた。鬼瓦も置かれるなど、瓦屋根も立派なものだった。門の外側には通行を改める番所が二つ付設されたが、その屋根は唐破風造《からはふづくり》である。

5万石以上の大名の場合は、10万石以上の大名とは異なり長屋門のスタイルにするよう求められていた。長屋門とは、屋敷を取り囲む長大な長屋の一部をくり抜いて門としたものを指す。

つまり、10万石以上あれば独立した門構えが許されたが、10万石に満たなければ長屋

◉大名屋敷の主な門構え

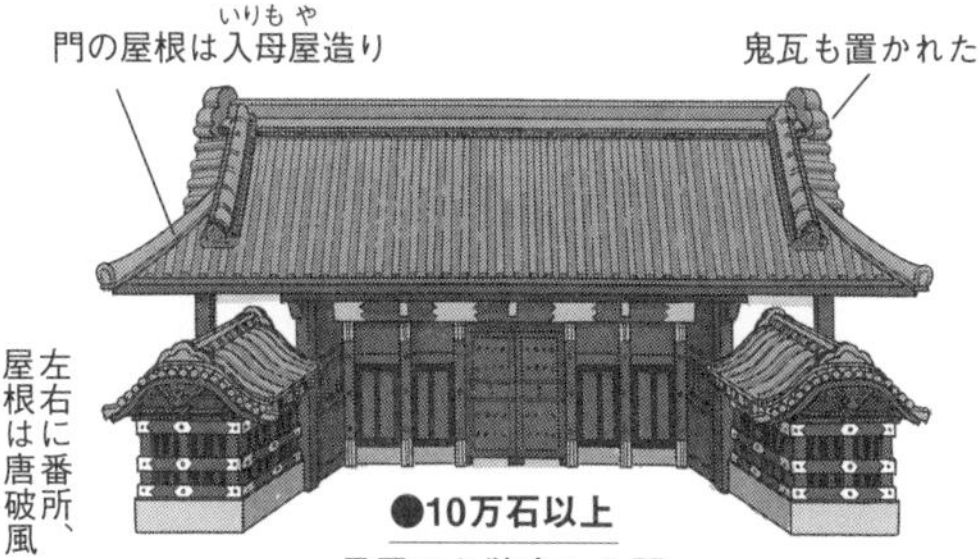

●10万石以上
長屋から独立した門

●5万石以上10万石未満
長屋門（屋敷を囲む長屋の一部を改造）

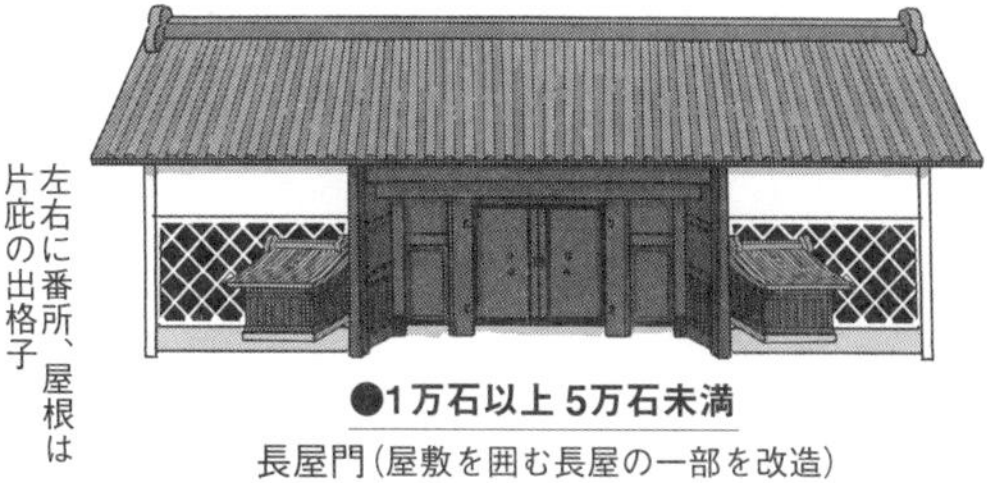

●1万石以上 5万石未満
長屋門（屋敷を囲む長屋の一部を改造）

門としなければならなかった。門の外側には通行を改める番所《ばんしょ》が付設されたが、図示したとおり、その屋根は片庇《かたびさし》とすることになっていた。

1万石以上5万石未満の大名の門構えも長屋門だったが、門の両側に付設された番所はいずれも片庇の出格子《でごうし》スタイルであった。

現在、上野の東京国立博物館の構内に、江戸の頃は帝国劇場の辺りにあった鳥取藩池田家32万石の上屋敷の表門が保存されている。長屋とは独立した建物で、外側に付設された二つの番所の屋根は破風造というように、10万石以上の大名に許された門構えが今も確認できる。

長屋での堅苦しい共同生活

一方、大名の格（石高）を示す表門とともに屋敷の周囲を取り囲んでいた長屋には、藩主の江戸参勤に合わせて国元から出府した単身赴任の藩士が大勢住んでいた。藩主の警固にあたるとともに藩の様々な仕事に従事したが、これを江戸勤番と称した。藩主が帰国する際にはお供する形で帰っていく。

1年間、勤番侍は長屋での共同生活を強いられたが、その間、屋敷の外に出ることは厳しく制限された。譜代大名の伊予松山藩の藩士だった内藤鳴雪《めいせつ》の証言によると、外出は月4回に制限され、4回のうち2回は朝から夕方6時。もう2回は午後2時から6時までと定められていた。鳴雪は勤番侍ではなく江戸藩邸に家族持ちで定住していた定府侍の家に生まれたが、定府侍の外出は当人だけでなく家族についても比較的自由だったという（内藤鳴雪『鳴雪自叙伝』岩波文庫）。

勤番侍の外出を厳しく制限したのは、江戸の悪風に染まって身持ちを崩したり、あるいは散財するのを藩当局が恐れたからである。それだけ、不慣れな江戸で様々な問題を引き起こしていた。

長屋での生活にも細かい規定があった。

鳥取藩の事例で言うと、高い声を出したり、謡や小唄に興じたり、三味線などの鳴り物を楽しむことが禁じられた。窓越しに買い物をしたり、水を外に捨てたり、洗濯物を窓から干すことも禁止。要するに、こうした禁止対象となる光景が長屋内で見られたのだ。

勤番侍の長屋は江戸屋敷の壁のような形で配置された。要するに道路に面したが、格子窓も付けられていた。

よって、屋敷の外に出なくても、窓越しに行商人を呼びとめて買い物をしたり、汚水を外の道に捨てることも可能だった。洗濯物を窓越しに干すのを禁じたのも、外から丸見えになって体裁が悪いからなのだろう。

長屋で窮屈な生活を強いられ、外出も制限された勤番侍にとり、室内での楽しみとは何だったのか。鳴雪によれば、囲碁・将棋そして貸本を読みふけることが無聊を慰める手段となっていた。

当時は本の購買層は経済力ある者に限られたため、貸本屋から本を借りて読むのが一般的だった。勤番侍のように懐の寂しい者は、屋敷内に出入りする貸本屋から本を借りるしかなかったのである。

22 将軍が大名藩邸を訪れた政治的な意味とは？

御成で徳川家の権威を向上

江戸在府中、幕府の役職に就いていない大名は江戸城に登城して将軍に拝謁し、城内で執り行われる儀式に参列することが大切な公務だった。それ以外の日は藩邸にいることが多かったが、藩邸内でも大切な仕事があった。

将軍や同僚の大名たちを「おもてなし」することである。大名が集住する江戸は将軍や大名たちの社交空間としての顔を持っていたが、その舞台こそ江戸藩邸だった。将軍を接待するとなれば、それは幕府に対する大切な公務にもなった。

江戸時代の初め、将軍は大名に下賜した上屋敷を順繰りで訪問している。江戸城に住

はじめて大名屋敷への御成を行った２代秀忠（「徳川秀忠画像（模写）」東京大学史料編纂所所蔵）

む将軍が城外に出ることを御成《おなり》と呼んだが、御成先としては親類の御三家を除くと、前田家や島津家をはじめ有力外様大名の屋敷に限られたのが特徴である。国持大名クラスと言ってもよいだろう。

　そんな大名屋敷御成は２代将軍秀忠の時にはじまるが、将軍が江戸藩邸を訪問した目的とはいったい何か。

　徳川家が将軍つまり武家の棟梁として諸大名を服従させていたとは言え、秀忠の頃はいまだ戦国の余風冷めやらぬ時期だった。かつては豊臣家に臣下の礼をとっていたという点で、徳川家と外様大名は同列であった。

　すなわち、外様大名が臣下であることを天下に改めて示すため企画されたのが、大名屋敷御成という政治的イベントなのである。

　秀忠の御成は、合わせて29回を数えた。家康から将軍職を譲られた慶長10年（１６０５）に姫路藩主・池田輝政邸を訪問したのが最初だが、同15年（１６１０）には米沢藩主の上杉景勝《かげかつ》邸を訪問している。

上杉謙信を養父に持つ景勝は、10年前の関ヶ原の戦いで家康と敵対した。関ヶ原で石田三成が敗北すると家康に謝罪し、会津１２０万石から米沢30万石に減封となる。上杉家は徳川家に服属を誓ったものの、豊臣政権では同じ五大老として同格であり、徳川家としては臣下であることを目に見える形で天下に明確にしたい大名の一人だった。その手段として、上杉邸への御成を執り行ったのである。

上杉家では秀忠の御成を迎えるに際し、幕府の指示のもと上屋敷内に御成御殿や御成門を建設した。御成御殿とは将軍を接待するために誂《あつら》えた建物のことで、御成門とは将軍が御成する時だけ開かれる門だった。秀忠は御成門を通って御成御殿に入ることになる。

秀忠が上杉邸を訪れたのは、12月25日のことである。御成御殿では、景勝から太刀、脇差、馬などが献上された。将軍への服従を意味する貢ぎ物に他ならない。秀忠と景勝の間では盃も交わされたが、まさしく主従の固めの盃であった。景勝の子の玉丸《たままる》も秀忠から盃を賜り、千徳《せんとく》と改名するよう命じられている。

その後饗応の膳部が出され、併せて能が興行された。能が終わると茶会が執り行われた。茶会終了後、改めて饗応の膳部が出されるスケジュールだった。

翌26日、景勝は改名した千徳とともに、昨日の御成への御礼を言上するため、江戸城に登城した。27日には同僚の大名を招き、将軍御成を受けたお祝いの饗宴を開いている。これをもって、御成の行事は完了する。

こうして、秀忠と上杉景勝の主従関係は天下に明示された。ほかの外様大名への御成でも、同様の儀式が執り行われたはずだ。主に外様大名の江戸藩邸への御成が繰り返されることで、徳川将軍家の権力基盤は強固なものになっていくのである。

壮麗な御成御殿と御成門が続々と生まれる

秀忠の後を継いで3代将軍となった家光も、大名屋敷御成を続けた。寛永6年（1629）4月に加賀藩前田家の本郷上屋敷、翌7年（1630）4月には薩摩藩島津家の桜田上屋敷を訪れている。前田家、島津家などトップクラスの外様大名との主従関係を天下に示すことで、将軍の権力基盤をさらに磐石なものにしようとはかった。

しかし、将軍を江戸屋敷に迎えることは、当の大名にたいへんな負担を強いた。御成御殿や御成門の建設、そして附属する広大な庭園も造成したからである。庭園は接待のために活用されたが、造成にかなりの時間が必要だったのは言うまでもない。

寛永6年4月に家光を迎えた加賀藩では、同3年（1626）から御成の準備に取り掛かり、現在は東京大学のキャンパスとなっている本郷屋敷内に御成御殿を建設した。殿舎のみならず庭園（育徳園）も造成される大規模な土木工事であり、完成まで約3年を要した。この時に造られた庭園中央部に広がる池（心字池《しんじいけ》）こそ、夏目漱石『三四郎』の舞台となる三四郎池である。

寛永7年に家光を迎えた薩摩藩でも、御成の2年前から御成御殿や御成門の建設がはじまっている。広間・御成書院《おなりしょいん》・数寄屋《すきや》（茶室）・能舞台・楽屋・料理所など、御殿の規模は計700坪を下らなかった。天井や壁は、狩野休伯《きゅうはく》・内膳《ないぜん》など幕府の御用絵師が腕を振るった。御成門は桧皮葺《ひわだぶき》で、彫り物も各所にちりばめられる豪勢なものだった。

秀忠に続いて大名屋敷への御成を行った3代家光（「徳川家光画像（模写）」東京大学史料編纂所所蔵）

諸大名は将軍御成に際し、将軍を招くにふさわしい御殿や御成門の建設を幕府から求められていたのである。将軍への敬意を示すようにというわけだ。

こうして、江戸城の周囲に立ち並んでいた御三家や有力外様大名の上屋敷内には、将軍を接待するための豪奢な御成御殿そして御成門が造られていく。とりわけ、間近に見ることのできた御成門の壮麗さは大きな話題を呼び、大勢の見物人が押し寄せたほどであった。

息抜きのために譜代大名邸へ御成

同じ家光の頃には御成先に変化が起きはじめていた。家光の代には将軍の権威も確固たるものになり、諸大名との緊張関係も緩んできたからである。御成までして、有力外様大名との間で主従関係を確認する必要がなくなってきたのだ。

しかし、御成自体の数は減らなかった。その数はむしろ増えており、その回数は約300回にも及んだ。

と言っても、御成先の大半は寵臣の譜代大名の屋敷であった。ダントツの御成先は小浜藩主・酒井忠勝邸で、100回以上にのぼる。次いで、家光に殉死したことで知られる堀田正盛《ほったまさもり》邸（77回）、家光の剣術の師・柳生宗矩《やぎゅうむねのり》邸（32回）の順である。

外様大名の屋敷を訪問した時のように、贅の限りを尽くしたおもてなしを受けるのではなかった。みずから相撲や乗馬などを楽しみ、また花火や踊りを見物するなど江戸城内では味わえない楽しみに浸っていた。

御成と言っても正式の御成ではなく、鷹狩りのため城外に出た際に立ち寄る形が取られる。滞在時間も短かった。約３００回の御成の大半がそんなスタイルだった。

幕府権力の安定化に伴い、政治的な意図が込められていた将軍御成は主従の固めの場から娯楽の場へとその性格を変化させた。大名屋敷御成は、江戸城内で堅苦しい生活を強いられた将軍が無聊を慰める貴重な機会となっていく。

外様大名邸への御成には、将軍との主従関係を視覚化させたい幕府の意図が秘められていたが、すべての外様大名が対象だったわけではない。国持大名クラスに限られた。そして、当の大名には重い財政負担を強いてしまったが、将軍を迎えたことで箔が付いたのも事実である。幕府の基盤が強化された後は譜代大名邸への御成にシフトするが、御成先となることで同じく箔が付いた。

将軍御成の対象となることで、その対象外だった大名との格差は拡大していった。将軍は江戸藩邸に御成することで大名格差の視覚化に貢献したが、その象徴的な建物こそ御成御殿であり、御成門だったのである。

23 同じランクの藩と情報を交換 藩の外交官たちの日常

藩の外交官・江戸留守居役

江戸藩邸には、留守居役という名の藩を代表する外交官が置かれるのが通例である。藩主が国元に帰国している間は、江戸で幕府や他藩との交渉にあたった。江戸在府中も同様の働きが期待された。現代風に言うと、渉外担当として連絡・交渉の実務にあたった。

よって、幕府や他藩との間にトラブルが生じた時には、家老など藩重役の手足となって交渉や根回しに奔走している。全権を委任されて事態の収拾にあたることも稀ではない陰の重職であった。

藩邸は江戸だけに置かれたのではない。西国大名の場合、大坂にも藩邸を置くのが常である。領内で徴収した年貢米を換金して歳入にあてるため、大坂には米を収蔵する倉庫（蔵屋敷という）を置かなければならず、その業務などを監督する拠点として藩邸が必要だった。その大坂藩邸の管理人として、藩を代表する留守居役が置かれたのである。

幕末に入り、朝廷が置かれた京都が政局の舞台として急浮上すると、諸大名は京都にも藩邸を持つようになる。京都藩邸にも留守居役が置かれたが、桂小五郎などは長州藩の京都留守居役として名を馳せた人物だ。なお、九州の大名は貿易港を持つ長崎にも藩邸を持っており、同じく留守居役を置いた。

藩によっては、留守居役という名称を用いない事例もあった。「聞役《ききやく》」「聞番《ききばん》」「公儀使《こうぎつかい》」「公儀人」「御城使《ごじょうし》」「御城附」という呼び名の役職が置かれたが、その職務内容は留守居役に他ならなかった。江戸に限らず、留守居役を務めたのは禄高が200〜300石クラスの中級藩士である。

なお、幕府にも留守居という役職が置かれた。江戸城の留守を預かる役職で、町奉行や勘定奉行といった幕政上の実権を持つ官僚ではないが、格は非常に高かった。奉行クラスを歴任し、年功を積んだ旗本が最後に就く役職として位置づけられていた。大奥の取締り、関所手形の発行、江戸城諸門の通行証の発行などを掌った。

人脈づくりに欠かせない留守居組合結成の基準

江戸留守居役が藩を代表して幕府や他藩との交渉にあたる際、様々な情報に通じていることは非常に重要であった。人脈が広ければ広いほど、それだけ多くの情報が入手できるはずである。

そのため、諸藩の江戸留守居役たちは留守居組合と称したグループを結成して人脈を確保し、情報交換に努めるが、三つの基準に基づいて組合は結成された。まずは殿席を基準とした留守居組合からみていこう。

前章でもみたとおり、大名が登城する際の殿席（控えの間）は、譜代大名の席である溜之間、帝鑑之間、雁之間、菊之間縁頬と、親藩・外様大名の席である大廊下、大広間、柳之間の合わせて七つである。殿席つまりは家格が同じ大名の留守居役どうしが組合を組んだ場合、これは同席組合と呼ばれた。

殿席は七つあったが、留守居組合が結成されたのは帝鑑之間詰の大名、雁之間詰の大名、菊之間縁頬詰の大名、大広間詰の大名、そして柳之間詰である。五つの殿席のなかで、それぞれ10家前後の留守居が同席組合を結成した。帝鑑之間詰の大名は60家ほどあったため、六つほどの同席組合があった計算となる。

なお、同席組合が結成されなかった大廊下詰大名の留守居と溜之間詰大名の留守居は、他の殿席の同席組合にオブザーバー的に加わることで情報を収集した。

家格以外の基準では、縁組により親類関係となった大名の留守居どうしで組合を結成する場合もあった。江戸藩邸が同じ地域にあった場合は、隣組のような形で留守居組合を結成した。

留守居役は同じ家格（殿席）、親類、近隣という三つの基準で結成した組合を通じて、幕府や他藩の情報収集や情報交換に努め、渉外担当としての職務を円滑に進めようとしたのである。

同格の外交官や豪商らと高級料亭での宴会

留守居組合では情報交換の手段として、廻状《かいじょう》を多用した。ある留守居が差出人となって他家の留守居を宛所に連記し、特定の情報を回覧板のように回したのだ。幕府が諸大名宛に発令する御触書も同じように廻状の形で回され、各大名家で書き取らせている。

もちろん、この手法だけでは情報収集は不充分である。留守居どうしで会合を持ち、情報を交換することが不可欠だが、どこで会合を持ったのか。

浅草の高級料亭である八百善を描いた錦絵（「江戸高名会亭尽　山谷」国会図書館所蔵）

そこで登場するのが、江戸市中の料理茶屋である。江戸経済の繁栄を受けて食生活も豊かになるなか、明和・安永年間（1764〜81）から富裕層を顧客とする料理茶屋が続々と誕生する。高級な会席料理を提供する高級料亭も生まれた。江戸の高級料亭としては、深川洲崎《すさき》の升屋《ますや》、日本橋室町の浮世小路の百《もも》川《かわ》、深川の平清《ひらせい》、浅草山谷の八百善《やおぜん》などが代表格であった。

　こうした高級料亭は、豪商たちがプライベートで楽しんだり商談の場として使われたほか、接待場として使用された。幕府や諸藩に出入りする御用達商人が幕府や藩の役人を招いて接待したが、留守居組合の会合場としてもよく使われたのである。

　場所が料亭である以上、会合というよりも、その実態は宴会だった。宴会の飲食を通じて親睦を深め、情報交換の一助としたが、料亭である以上、その飲食はいきおい豪勢なものにならざるを得ない。

その費用は必要経費として藩費から支出されたため、藩財政に大きな負担となった。幕府も留守居たちの豪勢な飲食を問題視して取締りをはかるが、なかなか改まらなかったのが実態である。

留守居組合での宴会について、老中を輩出した譜代大名の佐倉藩堀田家（殿席は帝鑑之間）で江戸留守居役を務めたことのある依田学海《よだがっかい》は、次のような貴重な証言を残している。

新たに留守居に任命された者は同じ組合に属する諸藩の江戸藩邸を回り、留守居に挨拶するのがしきたりだったが、宴会の時は麻上下《あさかみしも》の紋付の着用が義務付けられた。そして、羽織姿の先輩の留守居たちの前に一々進み出て盃を頂戴するのが慣例だが、宴会の場では先輩による「いじめ」もみられた。具体的な内容まではわからないが、同席していた芸者が大いに同情したくらいだったという。

会合では公用向の事柄が話題にのぼることはなく、芝居や相撲など娯楽の話が多かったらしい。料亭では終わらず、吉原などの遊郭に繰り出すことさえみられたという。こうした行状が幕府の忌諱《きい》に触れたのである。

第五章　参勤交代でみる格差

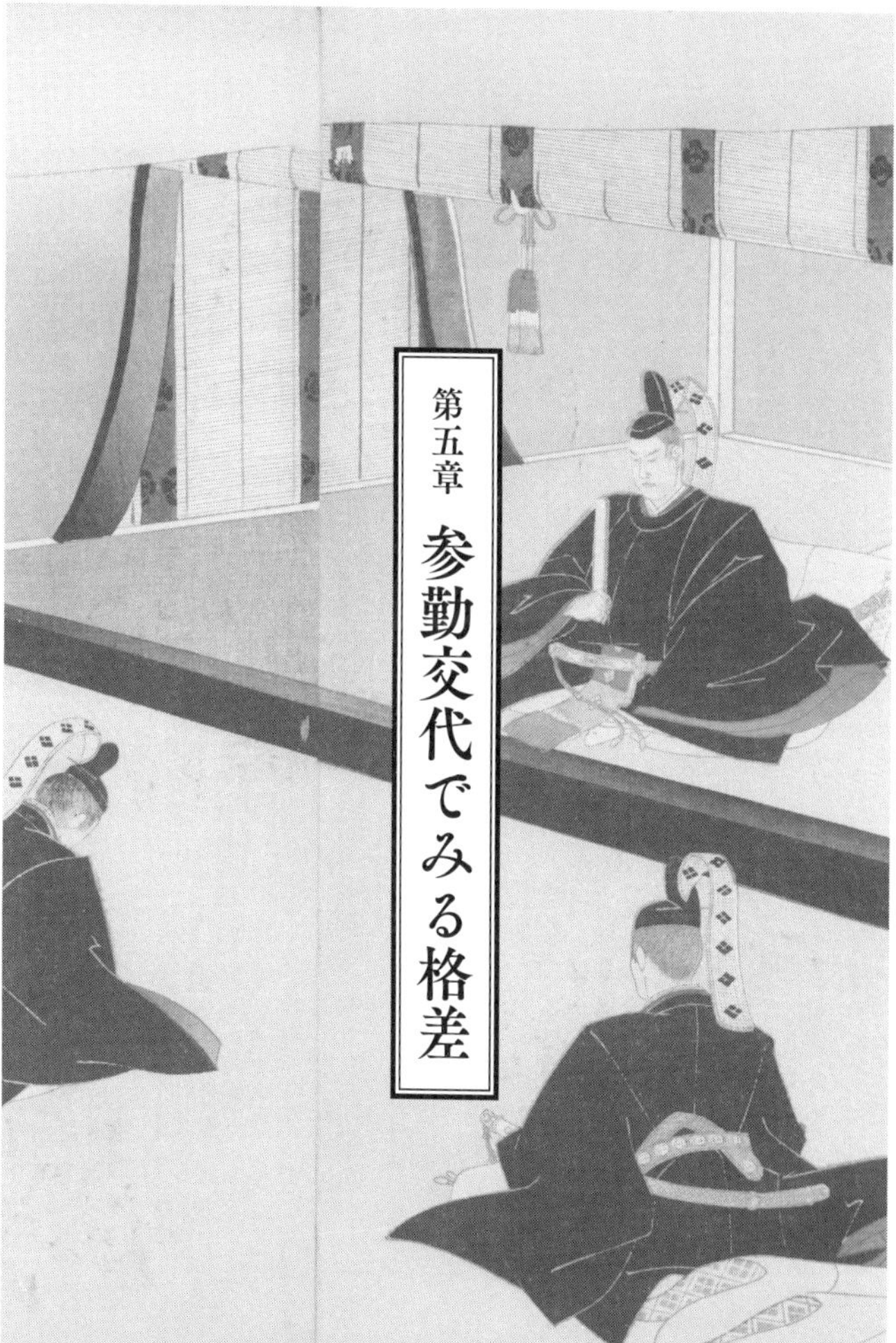

「参勤交代でみる格差」の基本――全国に広がる大名の序列

大名の格差は大名が集まる江戸で視覚化されたが、それは全国各地でも確認できた。参勤交代の制度により、諸大名は国元と江戸の間を一大行列を組んで行き来したが、道中で大名行列どうしがかち合う時、格差が露わになる。

第三章でみたとおり、諸大名は一斉登城日に物凄い混雑のなか行列を向かわせたが、自分よりも格上の大名の行列に出くわすと、道を譲らなければならなかった。たとえ国持大名であろうと、徳川御三家の行列に出会えば御三家に敬意を表し、藩主は駕籠から降りて挨拶することが求められた。

実際のところは、一国一城の主たるプライドが許さなかったため、格下の大名が格上の大名と出会いそうになると、遠回りして出くわさないようにしている。しかし、そうした行為自体、格差を視覚化するものに他ならない。

これは江戸の町での事例だが、道中では大名行列どうしがかち合うことは避けられず、格差が各所で視覚化される。大名の間の序列が明示されてしまう。

宿場に宿泊する時も、格下の大名は格上の大名とできるだけ同宿にならないよう努めた。格上の大名は本陣に宿泊できたが、格下の大名は脇本陣の方に宿泊しなければならず、格差がはっきりと示されてしまうからである。よって、格差が視覚化されないよう同宿を避けた。

大名が参勤交代のため行列を組む時、騎馬の侍の数や足軽、そして人足の数はあらかじめ幕府から指定された。石高を基準に、それぞれの人数が定められた。石高に連動して人数も増減するため、行列をみればその大名の石高もおよそわかる仕掛けになっていた。

本章では、参勤交代の大名行列を通して視覚化された大名格差の実態を明らかにする。

24 幕府の命も無視してド派手に プライドがかかっていた参勤交代

幕府が行列の人数を規定した意外な意図

参勤交代と言えば、長い行列がいの一番に思い浮かぶだろう。いわゆる大名行列である。加賀百万石の前田家などは、行列の人数がなんと4000人にも及んだ。行列が長ければ長いほど、つまり多ければ多いほど、当然ながら人件費は嵩《かさ》むが、大名側が人数を減らすことはなかった。

参勤交代が諸大名に莫大な出費を強いたのは事実である。それが幕府の狙いでもあったというのが定説だが、必ずしも真実ではない。

確かに、幕府からしてみると諸大名の財政が豊かなのは好ましいことではない。幕府に対抗できるほどの実力を付けられては困るが、財政破綻まで望んでいたかとなると、

参勤交代で江戸に入った大名行列（楊洲周延「温故東の花第四篇旧諸侯参勤御入府之図」国会図書館所蔵）

そうではなかった。

江戸時代とは、幕府と大名（藩）が権力者として社会を共同統治する政治システムが取られた時代である。この政治システムを幕藩体制と呼ぶ。

そのため、大名による統治に支障が生じると、幕府自身に跳ね返ってくる仕組みになっていた。幕藩体制の動揺につながるのである。参勤交代は厳守させたいが、だからと言って財政破綻を引き起こして共同統治に支障が生じては困るというのが幕府の本音だった。

よって、幕府は参勤交代が引き起こす負担増に配慮する姿勢を早くから示している。具体的には、行列つまり従者の人数を減らすよう諸大名に強く促した。

参勤交代制が明文化された寛永12年

（1635）の武家諸法度の第2条でも、「行列の人数が多過ぎることは大名家の財政はもちろん、領民に負担をかける。とどのつまりは、領内が円滑に統治できなくなる。今後は、大名家の事情に応じてお供の数を減らすように努めよ」と命じている。

幕府は参勤交代を励行する一方、お供の人数を減らそうと目論んでいた。しかし、その後も人数が減ることはなかった。むしろ逆に増え続ける。財政負担も増していった。

享保6年（1721）10月、幕府は参勤時のお供の人数を定める。その基準こそ、大名の身上が数字化された石高であった。

1万石の大名は騎馬の侍が3〜4騎、足軽が20人、人足が30人。10万石の大名は騎馬の侍が10騎、足軽が80人、人足が140〜150人という基準を設けた。

それまでの経緯を踏まえると、幕府が参勤時のお供の数を石高に応じて定めたのは、人数増加に歯止めをかけたい思惑が秘められていたのは明らかである。基準を明示して行列の人数を統制しようとしたが、結局のところ、この基準は守られなかった。

行列の人数が減らなかったのは見栄のせい

8代将軍・徳川吉宗は、享保改革と称される政治改革を断行した将軍として知られるが、参勤交代の制度にも大きな改変を加えた将軍だった。

当時、幕府の財政は破綻寸前だった。同7年（1722）7月、幕府は諸大名に対して、高1万石につき100石の割合で米を上納するよう命じた。いわゆる「上米令《あげまい》」である。緊急避難的に諸大名に上納米を命じることで急場を凌ぎ、その間に財政再建をはかろうと目論む。その代わり、江戸在府期間を1年から半年に短縮した。

緊縮財政を断行した8代将軍吉宗（「徳川吉宗画像（模本）」東京大学史料編纂所所蔵）

これにより、江戸在府に伴う支出は大幅に減る。参勤交代制度の緩和とセットの形で、諸大名に上納米を納得させた格好である。

吉宗は上米令発令に際し、儒学者の室鳩巣《むろきゅうそう》に参勤交代制緩和の是非について諮問している。当時、鳩巣は吉宗の政治顧問のような立場にあった。

鳩巣は吉宗の諮問に驚く。参勤交代制度を緩和しては、幕府による諸大名の統制は弱まり、その権威が失墜し兼ねない。吉宗を思いとどまらせようと頭をひねる。

上納米の代償として諸大名の支出を減らす方法を考えた挙句、吉宗は江戸在府期間を半分に短縮することを思いついたが、他にも支出を減らす方法はある。参勤時のお供の数を減らすように命じたらどうなのか。

だが、吉宗はその意見を一蹴する。いくら諸大名に厳命したところで効果はない。将軍の座に就く前、吉宗は徳川御三家の一つ紀州徳川家の当主を10年ほど務めていた。参勤交代の経験がある将軍だ。お供の数を減らしたくとも減らせない大名側のウラ事情がわかっていたのである。

幕府の命にもかかわらず、諸大名がお供の数を減らせなかった理由とは何か。

参勤交代とは、当の大名の格を社会に向かってアピールする役割を担っていた。人数が多ければ多いほど、格の高さが視覚化される。石高以上の姿をみせることができる。いきおい、諸大名は見栄を競って人数の競争に走る。

つまり、参勤交代の従者数には大名のプライドが掛かっていた。だから、幕府が減少するよう命じても、効果はなかった。依然として、石高に基づき設定された基準値を超えたお供を行列の人数に加えていた。

なお、上米令は同15年（１７３０）に廃止される。それに伴い、諸大名の江戸在府期間も再び1年となった。

江戸と国元は大人数だが…

諸大名が参勤交代で、とりわけ自家をアピールしたい場所は二つあった。国元と江戸である。

国元では、領民に領主としての威厳を見せつけたい。江戸では、他の大名に負けたくないという意思が強く働いた。その結果、国元と江戸では大人数となった。

加賀百万石の前田家に至っては参勤交代時の行列の人数は4000人にも達したが、そんな大人数で金沢から江戸までの道中をずっと歩き続けていたのではない。大人数だったのは、国元の金沢を出立する時と江戸入りの時だけである。それ以外の道中では激減している。

参勤交代の行列と言っても、「本御行列」と「御道中御行列」の二つがあった。後者は、「略御行列」とも称した。

「本御行列」は国元を出る時や江戸に入る時などに組まれる行列。「御道中御行列」はそれ以外の時に組まれる行列を指す。後者は前者の3分の1から2分の1程度の規模であった。

国元を出立する時、供侍として大勢の家臣が行列に加わるが、その多くは参勤の行列が領内を出ると城下に引き返す。行列の半分ほどを占めた人足も帰ってしまう。実は、その日だけ雇用されて行列に加わっていた。現代風に言うと、1日だけの派遣社員であった。

そして江戸入りの段になると、家臣たちや雇用した人足たちが再び行列に加わり、大行列が組まれた。

国元を出立する時は領民の目、江戸に入る時は他の大名や江戸の人々の目を意識して「本行列」が組まれた。それ以外の道中は「御道中御行列」と称し、半分ほどに規模を縮小させるというからくりだった。人件費を減らす意図があったのは言うまでもない。

しかし、「御道中御行列」にしても幕府が定めた従者数を上回っていた。他領であっても、それだけ視線を意識していた。

よって、国元や江戸での「本御行列」が規定を大きく超える人数になってしまうのは至極当然のことなのである。

自家をアピールする方法としては、人の目を引くパフォーマンスも挙げられる。槍持奴が長い柄の槍を投げ合うのはその象徴だが、そんなパフォーマンスを続けながら道中を続けていては、いつになっても江戸に到着できない。そのため、自家をアピールしたい国元と江戸だけで、槍を投げ合っている。

それ以外の道中ではひたすら歩いた。それも旅姿の略装だった。一日平均32〜36キロ歩いたというから、旅装の方が何かと都合が良かった。

大名行列と言うと、国元から江戸までの間を華やかな行列が行き来していたと思われがちだが、実際には国元と江戸でしか見られなかった光景だった。

25 他家との遭遇を回避せよ 大名行列の作法

大名行列の譲り合い

参勤交代の道中では、大名行列どうしがかち合うことが稀ではなかった。江戸参勤する大名と国元に帰国する大名が対向する形でかち合う場合もあれば、同じ宿場に宿泊するという形でかち合う場合もあった。

大名行列がかち合った時の対応は、当の大名どうしの格により異なる。一言で言うと、格上の大名に対して、格下の大名は道を譲らなければならない。そこで、大名間の格差が浮き彫りとなる。

参勤交代とは当の大名の格を社会に向かってアピールする役割を担った。お供の人数

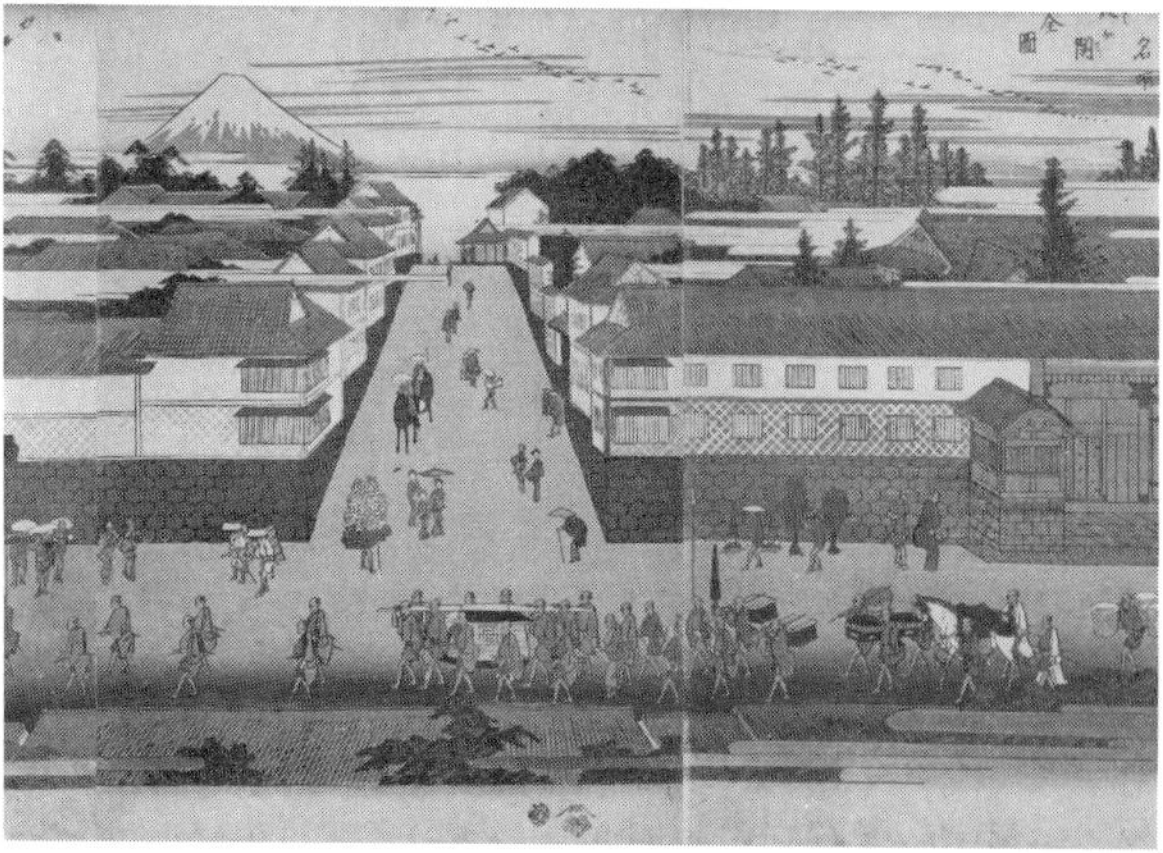

江戸城から下城して屋敷に戻る大名行列（歌川広重「東都名所 霞ケ関全図（部分）」国会図書館所蔵）

も石高で決められた。自分のプライドを誇示するツールと言ってもよい。そのため、行列どうしがかち合うと、プライドのぶつかり合いでトラブルが起きる恐れがあった。

仮にトラブルとなって刃傷沙汰が起きると、どうなるのか。

喧嘩両成敗ということで両家とも幕府によって処罰される。だから、諸大名は互いに遠慮し合いながら、できるだけ行列どうしがかち合わないよう努めた。

寛政10年（１７９８）に加賀藩主・前田治脩《はるなが》が江戸に参勤した時のことである。越中国の片貝川《かたがいがわ》などで川留めに遭い、日程が大幅に遅れてしまう。その余波を受け、加賀藩の行列が綾部藩九鬼家の行列と中山道熊谷宿でかち合いそうになった。その日、加賀藩の行列は熊谷宿で宿泊の予定だった。

本来ならば、もっと早く熊谷宿に到着するはずだったが、川留めにより大幅に遅れた結果、同宿になりそうになったのだ。予定通りの日程ならば、熊谷宿で綾部藩の行列とかち合うことはなかった。同宿にならないよう、参勤の日程を立てていたからである。

同じ外様大名でも、九鬼家は2万石ほどの小大名だった。100万石の前田家とは比べものにならなかったが、前田家は九鬼家に遠慮して、その手前の本庄宿で宿泊している。100万石が2万石に譲ったのだ。不可抗力であったとはいえ、予定通りの日程をこなせなかったことへの負い目が前田家にはあったのかもしれない。

すれ違いの作法

ただ、どうしても行列どうしがかち合ってしまうこともあった。

江戸から国元に戻る米沢藩上杉家と江戸参勤の秋田藩佐竹家の行列が、下野国の奥州道中太田原宿付近でかち合った時のことである。両家とも石高は同じくらい。外様大名として同じく鎌倉時代以来の名門の家柄で、家格はほぼ同格だった。

当時は左側通行が基本だが、江戸からみて上杉家の行列は街道の左側に、佐竹家の行列は右側に寄って、すれ違っている。藩主の駕籠がやって来ると、互いに家老が下座した。

当の殿様は駕籠の戸を開け、下座する家老にお辞儀をしている。両家がほぼ同格の家柄であることを踏まえた対応だった。

このように、参勤交代の行列どうしがかち合った際の作法の基準は家格である。道中でも、諸大名間の序列が浮き彫りにされた。

だが、家格という基準があったとはいえ、プライドがぶつかり合うとトラブルとなる恐れは常にあった。同格の大名の場合などは同格であるがゆえに互いに譲らず、その危険性が非常に高かった。

よって、諸大名はトラブルを避けるため互いに遠慮し合いながら、できるだけ行列どうしがかち合わないよう努めたが、江戸の場合はそうはいかない。三百諸侯の約半数が常時在府していたからだ。大名行列どうしがかち合うのはむしろ日常茶飯事だった。

最後の広島藩主だった浅野長勲は、広島藩浅野家の行列が米沢藩上杉家の行列とかち合った時の対応を次のとおり紹介している。広島藩は米沢藩の倍以上の石高があったが、両家とも国持大名として家格は同格とされていた。

引戸の駕籠に乗っている場合は、両藩主の駕籠がすれ違う時に、互いに戸を半分開けて目礼した。一々行列を止めて、挨拶するのではない。それでは、交通渋滞になってしまうからだろう。

打ち上げの駕籠の場合は、駕籠脇を詰める家臣に簾を上げさせて目礼している。打ち上げの駕籠とは、左右に引戸がなく簾を上げて出入りする駕籠のことである。いずれの駕籠にせよ、行列を止めずに目礼を交わすのが習いだった。

これは同格の大名の行列がすれ違う時の作法であり、その光景を見た者は浅野家と上杉家が同格なことを知る。序列の視覚化に他ならない。

だが、同じ大名行列でも御三家の行列とかち合った場合は、駕籠から降りて挨拶しなければならなかった。広島藩クラスの大藩でも例外ではない。

ただ、そういう光景はなかった。当の大名のプライドが許さなかったからである。自分より格上の大名そして御三家とかち合いそうになったら、道を急遽変えるなどしてやり過ごした（浅野長勲「大名の日常生活」柴田宵曲編『幕末の武家』）。

重要だった駕籠かきの役割

大名としては、全国から注目されている江戸の町で格上の大名行列とは出会いたくなかった。自分が格下であることを示さなければならないからだ。こうした事情は、参勤の道中でもまったく同じである。

そのため、行列の先頭を行く家臣の役割は重要だった。目を皿のようにして、前方を行き来する大名行列が自家より格上か格下かを判断する必要があった。

格下の大名ならばそのまま行列を進めたが、格上の大名ならば道を変えた。同格の大名の行列とすれ違う場合は、駕籠脇を固める家臣は行列を止めずに、駕籠の引戸を開けることになる。

となると、駕籠を担ぐ人足の役割は見逃せない。駕籠を担ぎながら、それも歩くスピードを緩めることなく、家臣をして引戸を開けさせなければならなかった。

乗っている殿様としても、急にスピードを緩められては急ブレーキをかけられるようなものだった。だから、駕籠の中の殿様に極力衝撃を与えないよう、駕籠を担いでいなければならない。その技量はハイレベルなものにならざるを得ない。

これは駕籠かきの人足だけにあてはまることではなかった。挟箱や諸道具を持つ人足にしても、他大名の行列とすれ違う時は、相手との身分差に応じた作法が求められた。低頭したり、持っている道具類を下ろすなどの対応を取ったはずだ。

人足たちは駕籠や道具を持つ技量はもちろんのこと、そんな大名社会の序列にも通じていなければならなかったのである。

26 不穏なエピソードが満載 宿のかぶりはトラブルのもと

本陣の譲り合い

参勤交代の道中で出会う行列は大名とは限らない。幕府の公用で出張する旗本も家来を連れて全国の街道を行き来していたからである。

石高では大名よりも格下となるが、将軍の家臣という点では同格であった。その上、幕府の公務での出張旅行となれば、将軍の威光を盾に大名を格下扱いにすることも少なくなく、トラブルが絶えなかった。

君子危うきに近寄らずではないが、道中ならば公用出張中の旗本を事前に発見し、接触を避けることも可能だった。しかし、同じ宿場に泊まってしまうと、そうは問屋が卸

千住宿を描いた錦絵（葛飾北斎「冨嶽三十六景 従千住花街眺望ノ不二」）

さない。家臣どうしの間で喧嘩などのトラブルが起きがちだった。江連《えづれ》堯則《あきのり》という旗本の証言によれば、宿場に2～3大名が泊まり合わせることもあるが、その際にはとかく面倒が起きたという。

江連は幕府の公務で奥州道中を旅した際に、仙台藩伊達家の帰国の道中にかち合ってしまったことがあった。江戸を出て最初の宿場である千住宿で同宿しそうになる。

お供の人数は伊達家の方がはるかに多かった。その上、薩摩藩島津家と同格という外様大名のなかではナンバー2の国持大名だった。江連は脇本陣に泊まると申し出て、本陣を譲っている。

ところが、伊達家はこの申し出を固辞した。1日出発を遅らせ、千住宿宿泊を翌日に延ばしたのである（桂園「御朱印道中・御目付」『幕末の武家』）。

これは互いに譲り合って無用のトラブルを防いだ事例だが、旗本側が幕府の公用を笠に着てトラブルに発展してしまう事例もあった。

伊達家と勘定奉行の戦い

天保13年（1842）のことである。

翌14年（1843）4月に、12代将軍・徳川家慶による日光社参が予定されていた。日光社参とは、初代将軍家康が祀られる日光東照宮に将軍が詣でることである。不定期に挙行された行事だった。

日光社参の日程は次のとおりであった。

江戸城を出立した将軍は初日岩槻《いわつき》城、2日目古河城、3日目は宇都宮城に宿泊し、4日目に日光に入った。日光には連泊し、その後同じ経路を取って江戸城に戻った。都合8泊9日の道中だ。

その下準備のため、勘定奉行・跡部良弼《あとべよしすけ》と目付・佐々木一陽《ささきかずあき》が日光街道を経由して日光に向かうことになった。そして古河宿に入ったが、ここで事件が起きる。

両人とも旗本だが、跡部は時の老中首座・水野忠邦の実弟で、大名の水野家から旗本跡部家に養子に入った人物である。時は、実兄忠邦による天保の改革政治が真っ最中の頃であった。

日光に向かう二人は、この日は古河宿の本陣に宿泊する予定だったが、先客が既に到着していた。前年に家督を継いで仙台藩の第13代目藩主の座に就いたばかりの伊達慶寿《よしひさ》(後の慶邦《よしくに》)が、はじめてのお国入りのため帰国の途に就き、その日は古河宿の本陣に宿泊していたのである。

藩士たちは古河宿の旅籠屋などに分宿しており、古河宿は伊達家の主従でいっぱいとなっていた。宿場内だけではお供の藩士の宿所が確保できず、その周辺の家を借りて宿所に充てるほどであった。

ところが、跡部たちは公用の道中であることを笠に着て本陣に宿泊していた慶寿たちを追い出し、自分たちが宿泊してしまう。仙台藩一行は古河宿を出て野営を余儀なくされた。

当然、仙台藩は激高する。跡部と佐々木の引き渡しを幕府に強く求めた。引き渡さないならば、以後参勤しないとまで申し立てたと言う。

江戸参勤の拒否となれば、幕府から叛逆の意思を疑われることになる以上、さすがに事実ではないだろう。だが、仙台藩の怒りようがよくわかるエピソードであった。

大名の格差が刃傷事件を招く

仙台藩と跡部のトラブルは、一国一城の主である大名側のプライドと幕府（将軍）の御威光を背負った旗本つまり御直参のプライドが正面衝突した事例だが、大名家どうしのプライドが激突した事例もある。

文政元年（1818）頃のことという。

ある宿場に相馬藩一行が宿泊し、藩主相馬益胤《ますたね》が本陣に投宿していたところ、折悪しく会津藩松平家の一行がそこにやって来た。藩主は松平容敬《かたたか》である。容敬一行は、いったん脇本陣に入った。

相馬家と松平家では家格が違い過ぎた。相馬家は外様の小大名だが、松平家は徳川一門の親藩大名として、その家格は御三家に次いだ。

止むなく、相馬藩は会津藩に本陣を譲り脇本陣に移った。だが、相馬藩の家臣たちは当然面白くなかった。

心中、大いに不満を抱きながら相馬藩が脇本陣に入ったところ、会津藩の家老が持っていた槍に気づく。脇本陣に置いたまま本陣に移ってしまったのだ。

よって、会津藩ではその返却を申し入れるが、相馬藩は拒否する。槍を返して欲しければ、槍持ちの首を持ってくるよう言い募った。本陣を譲らされた意趣返しに他ならなかったが、会津藩も負けてはいなかった。

ならばということで、会津藩側は槍持ちの首を持参して脇本陣に踏み込む。そして相馬藩の藩士たちを切り捨て、ようやく槍を取り返すことができたという（大田南畝『半日閑話』）。事実であれば、たとえ道中でなくても、大名が宿場でかち合うとトラブルが起きやすかったことを象徴するような事件である。

家格の違いがあった以上、格下の大名としては格上の大名に本陣を譲らなければならなかったが、それでは口惜しいということで腹いせに放った言葉が悲劇を生んだ事例である。格差を忍従することよりも、武士としてのプライドを重んじた結果でもあった。

27 江戸入りした大名たちに課せられた おえら方への挨拶回り

藩邸に派遣された幕府上使

譜代大名は毎年6月の参勤、外様大名は4月の参勤が定番だったが、毎年4月ないし6月に江戸に参勤すると言っても、全部の大名ではない。逆に4月ないし6月に江戸を出立し、国元に戻っていく大名もいた。

干支《えと》で説明しよう。

外様大名の場合、子・寅・辰・午・申・戌の年の4月に江戸に出てくる大名と、丑・卯・巳・未・酉・亥の年の4月に江戸に出てくる大名の2種類があった。要するに、半分の大名が江戸在府の間、もう半分の大名は在国という形に振り分けられていた。

江戸に参勤するにせよ、国元に帰国するにせよ、いつ参勤（帰国）するかは幕府が決めた。幕府にお伺いを立てることなく、勝手に参勤（帰国）することは許されなかった。4月に参勤する外様大名は前年11月、6月に参勤する外様大名はその年の2月に、参勤時期のお伺いを立てるのが習いだった。

参勤時期のみならず、どの経路を取るかも幕府の許可が必要である。五街道をはじめとする街道を管轄する幕府の部局は道中奉行所というが、文政5年（1822）に諸大名に対して通行すべき街道を次のとおり指定している。東海道通行の大名は148家、中山道30家、奥州街道37家、日光街道3家、甲州街道3家……。参勤経路を幕府の許可制にしたのは街道の混雑を緩和したかったからだろう。

無事、江戸に参勤した大名は、その日のうちに江戸着府の挨拶回りをすることになっていた。現在の皇居前広場にあたる「西丸下」と呼ばれた区画にあった老中用の屋敷（公邸）へ、行列を仕立てて出向いた。譜代大名は老中に就任すると、登城の便を考慮されて西丸下の屋敷に住居を移すのが慣例であった。

江戸着府の届書が提出されると、幕府はその上屋敷に上使《じょうし》を派遣する。上使とは将軍からの使者のことだが、大名家の家格により上使の身分が違った。

つまり、上使の身分で大名は格付けされた。国持大名と呼ばれた大藩の藩邸には老中が使者に立った。最高級の待遇であった。

その数日後、藩主は江戸城に登城し、将軍に江戸参勤の挨拶をする段となる。その前に、登城の日時を指定する上使が上屋敷に派遣された。

登城して拝謁した後は、そのまま下城するが、上屋敷に直帰したのではない。西の丸下の老中公邸などを回っている。無事拝謁したと挨拶回りをした後、ようやく上屋敷に戻る。

家格で決まった献上品の数量

江戸城登城の際、諸大名は手ぶらだったわけではない。その際、国元の物産などを将軍に献上することになっていた。拝謁の際、将軍の前で献上品が披露されるのである。その披露役は譜代大名から選任された奏者番が務めた。

例えば、加賀百万石の前田家は、享保改革の時までは白銀500枚、越中国名産の八講布《はっこうふ》（麻布）20疋《ひき》、染手綱《そめたづな》20筋を献上しているが、その対象は将軍だけではなかった。御台所、将軍の世継ぎ、老中や将軍側近の御側衆にも金品が贈られている。老中や御側衆の場合は、各自の屋敷に届けられた。

こうした献上品は、献上される幕府の方から数量を指定した。毎年刊行された大名や旗本の名鑑（武鑑という）には献上物の内容だけでなく、その量まで記載されている。

正徳3年（1713）の事例（7代将軍家継の治世）によれば、福岡藩黒田家（約54万石）は銀300枚、綿300把《は》。佐賀藩鍋島家（約35万石）は銀300枚、綿200把を参勤の際に献上すると定められていた。黒田家の方が鍋島家よりも綿の量が多いのは、石高の違いが理由である。石高が献上品の数量の基準だった。

黒田家や鍋島家は国持大名と呼ばれた大藩だが、肥前の大村家（約2万8000石）の場合は、縮緬《ちりめん》20反と銀（量は不明）を献上した。小大名である分、献上物の内容自体も違っていることがわかる。これは将軍への献上品だが、御台所などに献上する場合も、大名の石高や家格によって量が決められた。

ところが、享保12年（1727）の数字では、黒田家も鍋島家も10分の1の銀30枚に引き下げられている。

将軍のほか、その家族、老中や御側衆なども含めれば、献上品の総量は相当なものとなる。大名側としては、たいへん助かったに違いない。

実は将軍に献上する際、大名は同じく銀などを下賜された。将軍からのお返しというわけだが、その量も大名の石高や家格で決められた。

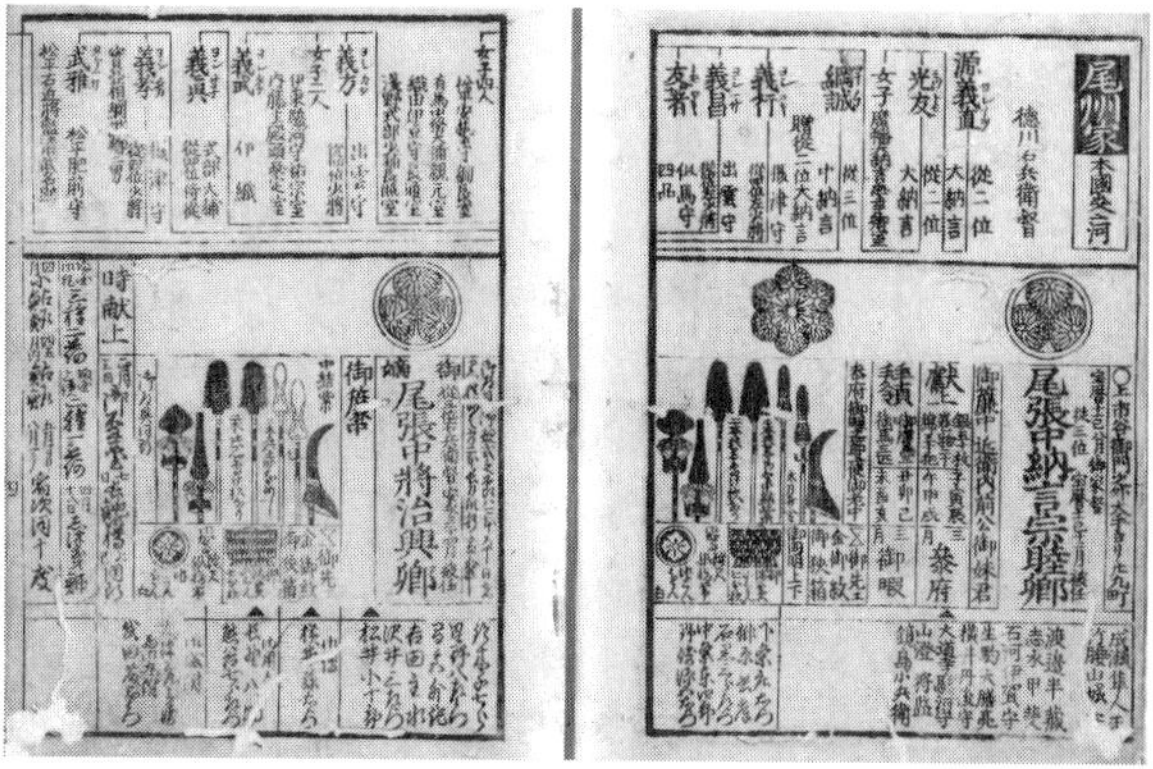

安永３年に刊行された尾張家の武鑑。左ページ中部の左から３行目から献上品リストが載せられている（『大名武鑑』国会図書館所蔵）

正徳3年（１７１３）の事例でいうと、黒田家に銀５００枚などを下賜したため、将軍に限って言えば損をしている形だ。ところが、享保12年（１７２７）の数字では銀50枚に減っている。

黒田家からの銀の献上を10分の1にすることで、下賜する銀の量も減ったのである。それだけ、幕府の財政も助かった。

当時は享保改革の真っ最中で、経費の節減が焦眉《しょうび》の政治課題となっていた。献上量の引き下げには、そんな幕府のウラ事情があった（丸山雍成『参勤交代』吉川弘文館）。

もちろん、老中などへの献上品も含めれば、大名側の方が相当の持ち出しとなる計算だが、将軍への献上物が減れば老中への献上物もおのずから減る。将軍よりも多く献上するわけにはいかない。このメリットは、大名側にとって大きかった。
この金品の献上（拝領）儀式が完了することで、江戸参勤の旅は名実ともに終わる。

保たれた家格

江戸参勤の時は幕府から江戸藩邸に上使が派遣されたが、帰国した時は「在着御礼」という形で無事国元に到着した旨の使者を江戸城に派遣する決まりであった。そして、無事帰国できたことへの御礼として献上品を持参することになっていた。

宝暦７年（１７５７）６月、盛岡藩主・南部《なんぶ》利雄《としかつ》は江戸在府を終え、国元の盛岡に帰国した。南部家では無事に国元に到着したことを知らせるため、江戸城に使者を立てたが、応接に出てくる幕府役人の身分は大名の家格に応じて決まっていた。

南部家の場合、従来は老中が応接に出ていたが、２年前に帰国した前回は御用繁多ということで奏者番が応接した。奏者番は、献上品を将軍に披露するのが職務の一つだが、老中よりもはるかに下の役職であった。

南部家にとってみれば、これは格下げを意味した。家格を維持するという点で黙視できるものではなかった。

果たして、今回も奏者番が現れて南部家の使者に応対しようとした。この事態を南部家では予想し、江戸留守居役の尾崎富右衛門が使者に同道していた。

尾崎は幕府の目付に対して、前回は御用繁多ということで、止むなく奏者番の応対を受けた。しかし、今回も奏者番では南部家の家格が下がることにつながるとして、老中が使者に応対するよう強く求める。

尾崎と目付は、次第に押し問答となった。怒声が殿中に響き渡り、江戸城内は大騒ぎとなる。結局のところ、老中が御用繁多ならば、改めて献上品を持参したいと尾崎は申し立て、江戸屋敷に戻った。

この事件は、幕閣の評議となる。無礼この上ないとして、南部家の厳罰を求める空気が圧倒的だったが、老中・西尾忠尚《ただなお》（老中・松平武元《たけちか》という説もある）は反対した。

尾崎は一命をも顧みず、主君の家格を守ろうとした。天下に賊徒が出現して南部家に追討を命じる折、真に役に立つのはこのような気骨ある者だ。だから、尾崎や南部家の処分は軽く済ませるのが妥当だろう。これぞ、サムライの鏡というわけである。

幕閣の評議は、この線で一決する。尾崎は国元で謹慎、南部利雄はお目通り差し控えの処分が下された。

その後、改めて南部家の使者を登城させた。今度は老中が応対して、南部家からの献上品を受け取った。尾崎の命がけの行動により、南部家の家格と名誉は保たれた。尾崎は謹慎が解除された後、１００石を加増されて用人に昇進したという。

参考文献

朝尾直弘編『日本の近世第七巻　身分と格式』中央公論社、一九九二年
竹内誠編『徳川幕府事典』東京堂出版、二〇〇三年
深井雅海『江戸城─本丸御殿と幕府政治』中公新書、二〇〇八年
安藤優一郎『徳川将軍家のブランド戦略』新人物往来社文庫、二〇一二年
安藤優一郎『参勤交代の真相』徳間文庫カレッジ、二〇一六年
安藤優一郎『大名屋敷「謎」の生活』ＰＨＰ文庫、二〇一九年

著者紹介

安藤優一郎（あんどう・ゆういちろう）

歴史家。1965年、千葉県生まれ。早稲田大学教育学部卒業、同大学院文学研究科博士後期課程満期退学（文学博士）。JR東日本「大人の休日倶楽部」など生涯学習講座の講師を務める。おもな著書に『江戸の間取り』『徳川幕府の資金繰り』『大名廃業』（彩図社）、『賊軍の将・家康』『お殿様の定年後』（日本経済新聞出版）、『幕末の先覚者 赤松小三郎』（平凡社新書）、『大江戸の娯楽裏事情』（朝日新書）、『徳川家康「関東国替え」の真実』（有隣堂）などがある。

本文イラスト：梅脇かおり

本扉：「徳川盛世録」（都立図書館所蔵）
章扉：「千代田之御表」（国会図書館所蔵）

大名格差

2023年 4月12日　第1刷

著　者　安藤優一郎
発行人　山田有司
発行所　株式会社彩図社
〒170-0005
東京都豊島区南大塚3-24-4 MTビル
TEL 03-5985-8213　FAX 03-5985-8224
URL：https://www.saiz.co.jp/
Twitter：https://twitter.com/saiz_sha

印刷所　新灯印刷株式会社

　ISBN978-4-8013-0651-6 C0121

※本書は2020年12月21日に小社より刊行した『大名格差 江戸三百藩のリアル』を再編集の上、文庫化したものです。